Noms islamiques pour les bébés musulmans

Noms pour les garcon

Aaban
Aabdar
Aabdeen
Aabid
Aabis
Aadam
Aadheen
Aadil; Adil
Aafiya
Aafreen
Aaftab; Aftab
Aahil
Aaish
Aakif
Aalam; Alam
Aalee
Aali
Aalim
Aamil
Aamir
Aamirah
Aaqib
Aaqil
Aarib
Aarif
Aariz
Aarzam
Aas
Aashif
Aashiq

Aashir	Abdul Aakhir	Abdul Bari
Aasi	Abdul Aalee	Abdul Barr
Aasif	Abdul Adal	Abdul Baseer
Aasim	Abdul Adl	Abdul Ba'seir
Aatif	Abdul Afuw	Abdul Basir
Aatiq	Abdul A'fuww	Abdul Basit
Aatish	Abdul Ahad	Abdul Batin
Aayid	Abdul Aleem	Abdul Fattah
Aazad	Abdul A'leim	Abdul Ghaffar,
Aazim	Abdul A'leyy	Abdul Ghafur
Abaan	Abdul Ali	Abdul Ghafoor
Abadiya	Abdul Alim	Abdul Gha'neyy
Abadiyah	Abdul Aliyy	Abdul Ghani
Abahh	Abdul Awwal	Abdul Haa'dei
Aban	Abdul Azeem	Abdul Haadi
Abbaad	Abdul Azeez	Abdul Haafiz
Abbaas	Abdul A'zeim	Abdul Hadi
Abbad	Abdul A'zeiz	Abdul Haey'y
Abbas	Abdul Azim	Abdul Hafeez
Abbood	Abdul Aziz	Abdul Ha'feiz
Abbud	Abdul Baa'eith	Abdul Hafiz
Abbudin	Abdul Baa'qei	Abdul Hai
Abd	Abdul Baari	Abdul Hakam
Abd Al-Ala	Abdul Baasid	Abdul Hakeem
Abd Khayr	Abdul Baasit	Abdul Hakeen
Abd us Salam	Abdul Baa'sit	Abdul Ha'keim
Abdah	Abdul Baa'tin	Abdul Hakim
Abdes Shakur	Abdul Ba'deie	Abdul Haleem
Abdnan	Abdul Badi	Abdul Ha'leim
Abdud Daar	Abdul Bais	Abdul Halim
Abdud Daarr	Abdul Baith	Abdul Hameed
Abdul	Abdul Baqi	Abdul Ha'meid

Abdul Hamid
Abdul Hannan
Abdul Haq
Abdul Haqq
Abdul Haseeb
Abdul Ha'seib
Abdul Hasib
Abdul Hayy
Abdul Jaa'mie
Abdul Jabaar
Abdul Jabbar
Abdul Jaleel
Abdul Ja'leil
Abdul Jalil
Abdul Jame
Abdul Jamil
Abdul Jawwad
Abdul Ka'beir
Abdul Kabir
Abdul Kader
Abdul Kafi
Abdul Kareem
Abdul Ka'reim
Abdul Karim
Abdul Khaa'fid
Abdul Khaa'liq
Abdul Kha'beir
Abdul Khabir
Abdul Khabir
Abdul Khafiz
Abdul Khaliq
Abdul Lateef
Abdul La'teif
Abdul Latif

Abdul Maajid
Abdul Maalik
Abdul Maane
Abdul Majeed
Abdul Majid
Abdul Malek
Abdul Malik
Abdul Mani
Abdul Mannan
Abdul Mateen
Abdul Ma'tein
Abdul Matin
Abdul Moakhir
Abdul Mo'eizz
Abdul Moez
Abdul Mo'hai'min
Abdul Mohsi
Abdul Momit
Abdul Mo'qaddim
Abdul Moqit
Abdul Mo'saw'wir
Abdul Mo'ta'kab'bir
Abdul Mubdee
Abdul Mubdi
Abdul Mueed
Abdul Mughni
Abdul Muhaimin
Abdul Muhaymin
Abdul Muh'sei
Abdul Muhsi
Abdul Muhsin
Abdul Muhyee

Abdul Muh'yei
Abdul Muhyi
Abdul Muid
Abdul Muiz
Abdul Muizz
Abdul Mujeeb
Abdul Mujib
Abdul Mumin
Abdul Muntaqim
Abdul Muqaddim
Abdul Muqeet
Abdul Muqsit
Abdul Muq'sit
Abdul Muqtadir
Abdul Muq'tadir
Abdul Musawwir
Abdul Mutaal
Abdul Mutakabbir
Abdul Mutali
Abdul Muti
Abdul Muttalib
Abdul Muzanni
Abdul Nafi
Abdul Naseer
Abdul Nasir
Abdul Nasser
Abdul Noor
Abdul Nur
Abdul or 'Abd
Abdul Qaadir
Abdul Qaa'dir
Abdul Qabiz

Abdul Qadeer
Abdul Qadir
Abdul Qaey'youm
Abdul Qahaar
Abdul Qah'haar
Abdul Qahhar
Abdul Qahir
Abdul Qayyoom
Abdul Qayyum
Abdul Quddoos
Abdul Qud'dous
Abdul Quddus
Abdul Qudoos
Abdul Raafi
Abdul Rabb
Abdul Rafi
Abdul Rahaman
Abdul Raheem
Abdul Rahim
Abdul Rahman
Abdul Raqib
Abdul Rashid
Abdul Rauf
Abdul Ra'uf
Abdul Razzaq
Abdul Rehman
Abdul Sabur
Abdul Salam
Abdul Samad
Abdul Sami
Abdul Sattar
Abdul Shahid

Abdul Shakoor
Abdul Shakur
Abdul Tawwab
Abdul Vajed
Abdul Vakil
Abdul Waahid
Abdul Waali
Abdul Waase
Abdul Wadood
Abdul Wadud
Abdul Wahhab
Abdul Wahid
Abdul Wajid
Abdul Wakil
Abdul Wali
Abdul Waliy
Abdul Waris
Abdul Warith
Abdul Wasi
Abdul Zahir
Abdul, Abdel
Abdul-Aalee
Abdul-Adheem
Abdul-Adl
Abdul-Afuw
Abdul-Ahad
Abdul-Akhir
Abdul-Aleem
Abdul-Ali
Abdul-Alim
Abdul-Aliyy
Abdul-Awwal
Abdul-Azeem
Abdul-Azeez

Abdul-Azim
Abdul-Aziz
Abdul-Baaqi
Abdul-Baari
Abdul-Baasit
Abdul-Badee
Abdul-Badi
Abdul-Baith
Abdul-Baqi
Abdul-Bari
Abdul-Barr
Abdul-Baset
Abdul-Basir
Abdul-Basit
Abdul-Batin
Abdul-Dhahir
Abdul-Fataah
Abdul-Fattah
Abdul-Ghafaar
Abdul-Ghaffar
Abdul-Ghafoor
Abdul-Ghafur
Abdul-Ghani
Abdul-Haady
Abdul-Haafiz
Abdul-Hadi
Abdul-Hafeedh
Abdul-Hafezh
Abdul-Hafiz
Abdul-Hakam
Abdul-Hakeem
Abdul-Hakim

Abdul-Haleem
Abdul-Halim
Abdul-Hameed
Abdul-Hamid
Abdul-Haq
Abdul-Haqq
Abdul-Haseeb
Abdul-Hasib
Abdul-Hayy
Abdul-Jabaar
Abdul-Jaleel
Abdul-Jalil
Abdul-Jamee
Abdul-Jami
Abdul-Kabir
Abdul-Kareem
Abdul-Karim
Abdul-Khaaliq
Abdul-Khabir
Abdul-Khafed
Abdul-Khafid
Abdul-Khaleq
Abdul-Khaliq
Abdullah
Abdul-Lateef
Abdul-Latif
Abdul-Maalik
Abdul-Majeed
Abdul-Majid
Abdul-Malik
Abdul-Mateen
Abdul-Matin

Abdul-Mubde
Abdul-Mubdi
Abdul-Mueez
Abdul-Mu'eid
Abdul-Mughni
Abdul-Muhaimin
Abdul-Muhaymen
Abdul-Muhaymin
Abdul-Muhsi
Abdul-Muhye
Abdul-Muhyi
Abdul-Muiz
Abdul-Mu'izz
Abdul-Mujeeb
Abdul-Mujib
Abdul-Mu'men
Abdul-Mumin
Abdul-Muqaddem
Abdul-Muqaddim
Abdul-Muqset
Abdul-Muqtadir
Abdul-Musawwir
Abdul-Mutaal
Abdul-Muta'alee
Abdul-Mutakabber
Abdul-Mutakabbir
Abdul-Nafee
Abdul-Nafi
Abdul-Nasir
Abdul-Nasser
Abdul-Nur
Abdul-Qaadir

Abdul-Qadir
Abdul-Qadr
Abdul-Qahaar
Abdul-Qahhar
Abdul-Qaiyoum
Abdul-Qawi
Abdul-Qayoum
Abdul-Qayyum
Abdul-Quddus
Abdul-Qudoos
Abdul-Raafi
Abdul-Rafee
Abdul-Rafi
Abdul-Raheem
Abdul-Rahim
Abdul-Rahmaan
Abdul-Raouf
Abdul-Raqib
Abdul-Rasheed
Abdul-Rashid
Abdul-Ra'uf
Abdul-Razaaq
Abdul-Saboor
Abdul-Sabur
Abdul-Sabur
Abdul-Salaam
Abdul-Salam
Abdul-Samad
Abdul-Samee
Abdul-Sami
Abdul-Samie
Abdul-Shahid
Abdul-Shakoor
Abdul-Shakur

Abdul-Tawaab

Abdul-Tawab

Abdul-Tawwab

Abdul-Waahid

Abdul-Waajid

Abdul-Wadood

Abdul-Wadud

Abdul-Wahhab

Abdul-Wahid

Abdul-Wajed

Abdul-Wajid

Abdul-Wakil

Abdul-Waley

Abdul-Wali

Abdul-Wareth

Abdul-Warith

Abdul-Wasee

Abdul-Wasi

Abdul-Zhaher

Abdun Naafe

Abdun Naa'fie

Abdun Nasir

Abdun Noor

Abdun Nou'r

Abdun-Nur

Abdur Rab

Abdur Rabb

Abdur Rafi

Abdur Raheem

Abdur Ra'heim

Abdur Rahim

Abdur Rahman

Abdur Raoof

Abdur Raqeeb

Abdur Raqib

Abdur Rasheed

Abdur Rashid

Abdur Rauf

Abdur Razzaaq

Abdur Razzad

Abdur Razzaq

Abdur Salam

Abdur-Raa'fie

Abdur-Rafi

Abdur-Raheem

Abdur-Rahman

Abdur-Raqeeb

Abdur-Rasheed

Abdur-Rashid

Abdur-Rauf

Abdur-Razzaq

Abdus

Abdus Saboor

Abdus Sabur

Abdus Salaam

Abdus Salam

Abdus Samad

Abdus Sami

Abdus Sattar

Abdus Shafi

Abdus Shahid

Abdus Smad

Abdus Subbooh

Abdus Subhan

Abdus Subooh

Abdush Shafi

Abdush Shaheed

Abdush Shahid

Abdush-Shahid

Abdush-Shakur

Abdus-Sabour

Abdus-Sabur

Abdus-Salaam

Abdus-Samad

Abdus-Sameei

Abdus-Sami

Abdus-Shaheed

Abdus-Shakur

Abdut Tawwab

Abduz Zahir

Abed

Abedin

Abid

Abidin

Abidullah

Abisali

Abood

Abrad

Abraha

Abram

Abrar

Abrash

Abraz

Abreeq

Absar

Absat

Absham
Absi
Abteen
Abt'hi
Abu al Khayr
Abu Ayyub
Abu Bakr
Abu Darda
Abu Dawud
Abu Hanifa
Abu Hurairah
Abu Huzaifah
Abu Isa
Abu Juhafa
Abu Mahzoorah
Abu Masood
Abu Moosa
Abu Saeed
Abu Talha
Abu Talib
Abu Turab
Abu Ubaidah
Abu Yousuf
Abu Zar
Abual Khayr
Abul Alaa
Abul Barakat
Abul Bashar
Abul Farah
Abul Faraj
Abul Fath
Abul Fazl
Abul Haisam
Abul Hasan

Abul Husain
Abul Kalam
Abul Khair
Abul Khayr
Abul Mahasin
Abul Qasim
Abul Yumn
Abul Yusr
Abul-Hassan
AbulKhayr
Abuzar
Abyad
Abyan
Abyaz
Abzari
Adam
Adan
Adawi
Adbul-Qawi
Adeeb
Adeel
Adeem
Adel
Adel, Adil
Adham
Adheen
Adi
Adib
Adil
Adiy
Adl
Adli

Adnaan
Adnan
Aduz Zahir
Adyan
Aejaz
Afaaq
Afandi
Afaq
Afdaal
Afdal
Afeef
Affan
Afham
Afif
Afif, Afeef
Afif-ud-Din
Afkar
Aflah
Afraa
Afraz
Afridi
Afroz
Afroze
Afsa
Afsah
Afsar
Afsar-ud-Din
Aftab; Aftaab
Aftab-ud-Din
Aftar
Afuww
Afzaal

Afzal
Afzul
Aga
Agharr
Aghlab
Agrim
Ahad
Ahd
Ahdaf
Ahil
Ahkam
Ahlam
Ahmad, Ahmed
Ahmadullah
Ahmar
Ahmed
Ahnaf
Ahraz
Ahsab
Ahsan
Ahtesham
Ahwas
Ahyan
Ahzab
Aidh
Aijaz
Aiman
Aishah
Aiz
Aizaad
Ajawid
Ajaz

Ajer
Ajib
Ajlah
Ajmal
Ajtaba
Ajwad
Akalmash
Akbar
Akbar Khan
Akeem
Akfash
Akhas
Akhdan
Akhfash
Akhil
Akhlaq
Akhmas
Akhram
Akhtar
Akhter
Akhund
Akhund Zada
Akhzar
Akif
Akil
Aklamash
Akmal
Akmal
Akram; Akaram
Akshan
Al Abbas
Al Amin
Al Bara
Al Burhan

Al Faiz
Al Hakam
Al Harith
Al Mamoon
Al Rafi
Al Safi
Al Siddiq
Al Tahir
Al Tayyib
Al Tijani
Al Tufail, Al Tufayl
Ala
Ala al Din
Alaa
Alaa Udeen
AlAbbas
Aladdin, Ala al din
Alaleem
Alam
Alamgeer
Alamgir
Ala-ud-Din
Alawi
Aleef
Aleem
Aleemuddin
Aleem-ul-Huda
Alhad
Alhan
Alhasan
Alhazar
Alhusain; Alhusayn

Ali , Ali, Aliyy
Ali Asghar
Ali Hamza
Ali, 'Ali, 'Aliyy
Alibaba
Alif
Alih
Alim
Allah Bakhsh
Allahbukhsh
Allahditta
AllahrakhaAmanullah
Allal
Allam
Almahdi
Alman
Almas
Almir
Altaf
Altaf Hussain
Altair
Altamash
Alwaz
Aly Khan
Alyasaa
Amaan
Amaanat
Amaanullah
Amaar
Amad
Amal

Amam
Aman
Amanat
Amani
Amanuddin
Amanullah
Ameen
Ameer
Amenoolah Khan
Amer
Amid
Amiduddawlah
Amin, Ameen
Aminuddin
Amir, Ameer
Amirr
Amjaad
Amjad
Amlah
Ammaar
Ammar, Ammar
Ammar, 'Ammar
Amr
Amro
Amru
Amrullah
Amzad
Anahid
Anam
Anan
Anas
Anasah

Anbar
Aneeq
Anees
Aniq
Anis
Aniya
Anjam
Anjum
Anjuman
Anna
Annnees
Ansar
Ansari
Antar
Antarah
Anwaar
Anwar
Anwarulkarim
Anwerus Sadat
Anzar
Aqdas
Aqeel
Aqeil
Aqib
Aqil
Aqleem
Aqmar
Aqqad
Aqrab
Arab
Arafaat
Arafat
Araiz
Araysh

Arbaaz
Arbab
Arbad
Ardam
Areeb
Areef
Areej
Arees
Aref; Arif
Arfaa
Arfan
Arhab
Arham
Arif
Arikah
Arjmand
Arjumand
Arkaan
Arkan
Armaan
Arman
Arqam
Arsal
Arsalaan
Arsalan
Arsh
Arshad
Arshaq
Arslan
Arsylan
Artah
Arwah

Arwarh
Aryan
Arzan
Arzang
Arzu
Asaad
Asad
Asadel
Asadullah
Asar
Asbagh
Asbat
Aseed
Aseel
Aseer
Asfa
Asgar
Asghar
Asha'as
Asha'ath
Ashab
Ash'ab
Ashaj
Ashar
Ashaz
Asheem
Ashfaq
Ashhal
Ashhar
Ashim
Ashiq
Ashiq Ali

Ashiq Muhammad
Ashja
Ashkan
Ashmath
Ashnad
Ashqar
Ashraf
Ashras
Asif
Asil
Asim
Asir
Askar
Askari
Asla
Aslam
Asma
Asmar
Asooda
Asra
Asrar
Asrar
Astan
Aswad
Ata
Ata al Rahman
Ata Allah
Ata, Ataa
Atabuk
Atallah
Ataubaq
Ataullah

Ataur Rahman
Ateeb
Ateeq
Athar
Athazaz
Atheer
Athil
Athir
Atif
Atiq
Atir
Attar
Attiq
Atuf
Atyab
Aula
Aurang
Aurangzeb
Aus
Ausaf
Avid
Awad
Awais
Awaiz
Awan
Awanah
Awf
Awn
Awni
Aws
Awwab
Awwal
Ayaat
Ayaaz

Ayat
Ayatullah
Ayaz
Aybak
Aydin
Ayesh
Ayham
Ayman
Ayn
Aynul Hasan
Aynul Hayat
Aynun Naim
Ayoob
Ayser
Ayub
Ayub Khan
Ayub
Ayyad
Ayyash
Ayyoob
Ayyub
Ayyub,Ayoob
Aza
Azaam
Azaan
Azab
Azad
Azain
Azam
Azb
Azbak
Azeem, Azim

Azeez
Azeez; Aziz
Azfar
Azfer
Azghan
Azhaar
Azhaf
Azhar
Azharan
Azhmeer
Azim
Aziz
Azizullah
Azlan
Azli
Azmat
Azmeer
Azmi
Azraf
Azraq
Azraqi
Azud
Azududdin
Azzaam
Azzam
Baadi
Baahi
Baahir
Baaligh
Baar
Baare
Baari

Baariq
Baasim
Baasir
Baasit
Babar
Baber
Badeeh
Badi
Badiul Alam
Badiuz Zaman
Badiy
Badr
Badr al Din
Badr Udeen
Badran
Badr-e-Alam
Badrud Duja
Badruddin
Baghawi
Baha
Baha al Din, Bahiyy
Baha Udeen
Baha
Bahauddin
Baheej
Baheen
Baheer
Bahhas
Bahi
Bahij
Bahili
Bahir

Bahiy Udeen
Bahiyud Din
Bahjat
Bahlawan
Bahlul
Bahram
Bahu
Bahz
Baid
Bais
Bajala
Bajeel
Bakeet
Bakhit
Bakhsh
Bakht
Bakhtari
Bakhtawar
Bakhtiyar
Bakhtiyar
Bakir
Bakkar
Bakr
Bakri
Bakur
Balagh
Baleegh
Baleel
Baligh
Balj
Bandar
Baqa
Baqai
Baqar

Baqee
Baqi
Baqir
Bar
Bara
Barakah
Barakat
Barakatullah
Baraq
Bareed
Bareeq
Baresham
Barhi
Bari
Barii
Barir
Barkat
Barni
Barqash
Barr
Barraq
Basaam
Basair
Basan
Basaud
Baseem
Baseer
Baseerat
Baseet
Basel
Basem
Bashaar

Bashar
Basharat
Basheer
Bashir
Bashshar
Basil
Basim, Bassam
Basiq
Basir
Basit
Basman
Basool
Basr
Basrah
Bassam, Basim
Batal
Batin
Bayan
Bayazid
Bayhas
Baz
Bazam
Bazan
Bazikh
Bazil
Bazir
Bazish
Bazl
Bazlur Rahman
Bedar
Bedaruddin
Beg

Behlol
Behr
Behroz
Behzad
Beram
Bihar
Bihzad
Bilal
Bina
Binyamin,
Benyamin
Bishr
Bostan
Boulos
Budail, Budayl
Budayr
Bujair
Bukhari
Buland
Bulbul
Bulhut
Buqrat
Burak
Buraq
Burayd
Buraydah
Burhaan
Burhan
Burhan-ud-Din
Bushr
Busr
Butrus

Changez
Cheekoo
Daafi
Daai
Daamin
Daamir
Daanish
Daanyal
Daawood
Dabbah
Dabir
Daboor
Dafiq
Daghfal
Dahbal
Dahhak
Dahi
Daib
Daif
Daifallah
Daim
Daiyan
Dakheel
Dakhil
Dalaj
Daleel
Daler
Dalil
Damdam
Dameer
Damian
Damurah
Dana
Dani

Daniel	Dhaki	Dizhwar
Danish	Dhakir	Dost
Daniyal	Dhakiy	Dost Muhammad
Danyal	Dhakwan	Duha
Dara	Dhareef	Dulamah
Darakhshan	Dharr	Duqaq
Darim	Dhiya	Durrah
Daris	Dhul	Dyab
Darman	Dhul Fiqaar	Ebrahim
Darraj	Dhul Fiqar	Ehan
Darrak	Didar	Ehsaan
Darvesh	Dihyah	Ehsaas
Darwish	Dihyat	Ehsan
Dastagir	Dil	Ehtisham
Dastgir	Dil Nawaz	Eijaz
Daud	Dilafroz	Eitzaz
Da'ud, Dawud	Dilawar	Ejaz
Daudi	Dilbar	Ekbal
Dawar	Dildar	Ekhlaq
Dawid	Dilnawaz	El-Amin
Dawlah	Dilshad	Elias
Dawood	Din	Emir
Dawoud	Dina	Emran
Dawud	Dinar	Esam, Essam
Dayim	Dirar	Eshaan
Daylam	Diwan	Eshan
Dayyan	Diwan Muhammad	Esmail
Dean	Diya	Faadi
Deenar	Diya al Din	Faadil
Dhaafir	Diyaa Udeen	Faaid
Dhaahir	Diyanat	Faaiq
Dhaakir	Diyari	Faaiz

Faakhir
Faalih
Faaris
Faarooq
Faateh
Faatih
Faaz
Fadil
Fadl
Fadl Ullah
Fadwa
Faeq
Fahd
Fahd, Fahad
Faheem
Fahim
Fahmi
Fahyim
Faid
Faik
Faiq
Faird
Faisal, Faysal
Faiyaz
Faiz
Faizaan
Faizan
Faizeen
Faiz-e-Rabbani
Faizi
Faizul Anwar
Faizullah
Fajahat
Fajaruddin

Fajer
Fajr
Fakaruddin
Fakeeh
Fakheem
Fakhir
Fakhiri, Fakhry
Fakhr
Fakhr al Din
Fakhri, Fakhry
Fakhr-ud-Dawlah
Fakhruddin
Fakhr-ud-Din
Fakhrul
Fakhry
Fakih
Falah
Faleh
Falih
Faliq
Faqeed
Faqeeh
Faqih
Faqir
Farafisa
Farah
Farahat
Faraj, Farraj
Farajallah
Faraqlit
Farasat
Faraz

Farazdaq
Fard
Fardeen
Fardeen; Fardin
Fare
Fareed
Fareez
Farhaan
Farhad
Farhal
Farhan
Farhat
Fari
Farid, Fareed
Fariduddin
Farih
Fariq, Fareeq
Faris
Fariz
Farjad
Farman
Farmanullah
Farook
Farookh
Farooq
Farooque; Farokh
Farouk
Farqad
Farraj
Farras
Farrukh
Farukh

Faruq, Farooq
Farwah
Fasahat
Faseeh
Fasih
Fasih Ur Rahman
Fasikh
Fastiq
Fatan
Fateen
Fateenah
Fateh
Fath
Fathi
Fathullah
Fatih
Fatik
Fatin
Fatin, Fateen
Fattah
Fattooh
Fawad
Fawaz
Fawwaaz
Fawwaz
Fawz
Fawzan
Fawzi
Fawzy
Fayaaz
Fayaz
Fayd

Fayek
Fayruz
Faysal
Fayyaad
Fayyad
Fayyadh
Fayyah
Fayyaz
Fayz
Fayzan
Fayzee
Fayzul Haq
Fazal
Fazalah
Fazan
Fazeelat
Fazil
Faziuddin
Fazl
Fazle Ilahi
Fazle Mawla
Fazle Rab
Fazle Rabbi
Fazli
Fazlullah
Fazulul Haq
Ferdows; Firdows
Feroz
Ferran
Fiam
Fida
Fidaa
Fiddah
Fidyan

Fikhar
Fikri
Firaas
Firas
Firasah
Firasat
Firdaus
Firdos
Firdose
Firdoze
Firoze; Firoz
Firyal
Fizan
Fizza
Fouad, Fuad
Fravash
Fuaad
Fuad
Fudail
Fudayl
Fujai
Furays
Furoogh
Furozh
Furqaan
Furqan
Furqau
Futteh Khan
Futuh
Fuwad
Fuzail
Gabir

Gadi
Galal
Gamal, Gamali
Gauhar
Ghaali
Ghaalib
Ghaamid
Ghaazi
Ghaffar
Ghafir
Ghafur
Ghais
Ghaith, Ghayth
Ghaiyyas
Ghali
Ghalib
Ghallab
Ghamir
Ghanem
Ghani
Ghanim
Ghannam
Ghannan
Ghaous
Gharib
Ghasaan
Ghashiah
Ghassaan
Ghassan
Ghaus
Ghauth
Ghawth

Ghaylan
Ghayoor
Ghayth
Ghayur
Ghayyath
Ghazalan
Ghazanfar
Ghazawan
Ghazi
Ghazir
Ghazwan
Ghazzal
Ghazzali
Ghiyaath
Ghiyas
Ghiyas-ud-Din
Ghiyath
Ghiyath
Ghofran
Ghufran
Ghulam, Gulam
Ghulam-Khan
Ghunaim
Ghunayn
Ghusharib
Ghusun
Ghutaif
Ghutayf
Gohar
Guda
Gul
Gulab

Gulam
Gulbar
Gul-e-Rana
Gulfam
Gulsan
Gulshan
Gulzar
Gurdana-Khan
Haadee
Haady
Haafil
Haafiz
Haajid
Haamid
Haani
Haaris
Haarith
Haaroon
Haashid
Haashim
Haashir
Haatim
Haazim
Haaziq
Habab
Habash
Habbab
Habeeb
Habeebullah
Habeel
Habib
Habibullah
Habis
Hadad

Hadaya	Halim	Hamzad
Haddad	Hallaj	Hamzah
Hadee	Halwani	Hana
Hadi	Hamad	Hanai
Hadid	Hamadullah	Hananan
Hadir	Hamal	Hanash
Hadis	Hamas	Hanbal
Hadrami	Hamd	Haneef
Hafeez	Hamdaan	Hani
Hafi	Hamdan	Hanif
Hafid	Hamdast	Hanifah
Hafiz	Hamdhy	Hanifud Din
Hafizullah	Hamdi	Hanin
Hafs	Hameed	Hanlala
Haidar	Hameedullah	Hannad
Haider Bux	Hameem	Hannan
Haikal	Hamham	Hanoon
Haitham	Hami	Hanzalah
Haiyy	Hamid	Haq
Haji	Hamidullah	Haqq
Hajib	Hamim	Haqqani
Hajjaj	Hamiz	Haqqi
Hajveri	Hammad	Haraam
Hakam	Hammam	Hareef
Hakeem	Hammouda	Hareem
Hakeem, Hakim	Hammud	Harim
Hakem	Hamood	Harir
Hakim	Hamoud	Haris
Hakim, Hakeem	Hamraz	Haris, Hares
Haleef	Hamshad	Harisah
Haleem	Hamud	Harith
Halif	Hamza	Hariz

Harmalah
Haroon
Haroun, Harun
Harun
Harun Al Rashid
Hasan
Hasanat
Haseeb
Haseef
Haseen
Haseen
Hasham
Hashash
Hasher
Hashid
Hashim
Hashimi
Hashir
Hashmat
Hasib
Hasif
Hasim
Hasin
Hasnain
Hassaan
Hassam
Hassam-ud-Din
Hassan
Hassib
Hasson
Hatam
Hatem
Hatib
Hatif

Hatim
Hatim
Hawshab
Hayaat
Hayat
Hayder
Hayee
Haysam
Haytham
Hayy
Hayyam
Hayyan
Hazim
Hazim
Hazim, Hazem
Haziq
Hazir
Hazm
Hazrat
Henna
Hesam
Hiba
Hibah
Hibatullah
Hibbaan
Hibban
Hidayat
Hidayat-ul-Haq
Hifzur Rahman
Hikmat
Hilaal
Hilal

Hilal, Hilel
Hilali
Hilmi
Himayat
Himmat
Hirz
Hishaam
Hisham
Hissan
Homair
Hooman
Hosaam
Houd
Houda
Hozaifah
Hub
Hubaab
Hubaish
Hubayl
Hud, Houd
Huda
Hudad
Hudhafah
Hudhaifa
Hudhaifah,
Hudhayfah
Hujayyah
Hujjat
Hulayl
Humaid
Humaidaan
Humair

Humam
Humamuddin
Humayd
Humayl
Humayu; Humayun
Humayun
Humd
Humza
Hunayn
Hunayn
Huraira
Hurairah
Hurayra
Hurays
Hurayth
Hurmat
Hurrah
Husaam
Husaam Udeen
Husaam
Husain, Hussein
Husam
Husam al Din
Husamuddawlah
Husamuddin
Husayn
Husayn, Husein
Husayni
Husnan
Husni
Hussain
Hussein

Huthaya
Huthayfa
Huzaifa
Huzaifah
Huzair
Huzayfa
Huzayfah
Huzayl
Hyat
Ibaad
Ibn
Ibn Sina
Ibraheem
Ibrahim, Ibraham
Ibtisam
Id
Idrak
Idrees
Idris
Iesa
Ifran
Iftekhar
Iftikhar
Iftikhar-ud-Din
Iftikharus Sadat
Ifzal
Ihaab
Ihab
Ihsaan
Ihsan
Ihsanul Haq
Ihtesham
Ihtiraam
Ihtiram

Ihtisham
Ihtsham
Ijaz
Ijazul Haq
Ijlal
Ijli
Ikhlaas
Ikhlas
Ikhtiyar
Ikleel
Iklil
Ikram
Ikram-ul-Haq
Ikramullah
Ikrima
Ikrimah
Iksir
Ilaahi
Ilahi
Ilahi Bakhsh
Ilan
Ilash
Ilderim-Khan
Ilham
Ilias
Ilifat
Illiyas
Iltifat
Ilyaas
Ilyas
Imaad
Imaad Udeen

Imaad
Imaan
Imad
Imad al Din
Imaduddin
Imam
Imdad
Immad
Imraan
Imran
Imran-Khan
Imtiaz
Imtiyaz
Inaam
Inam
Inamul Haq
Inas
Inayat
Inayatuddin
Inayatullah
Inayatur Rahman
Iniat
Insaf
Insar
Inshaf
Inshirah
Intaj
Intakhab
Intikhab
Intisar
Intizar
Inzamam

Iqbal
Iqmal
Iqraam
Iqrit
Iqtidar
Iravat
Irfaan
Irfan
Irshad
Irtiza
Irtiza Husain
Isa, Eisa
Isaam
Isaar
Isabhani
Isad
Isam
Isam, Isam, Issam
Isbahani
Ishaaq
Is-haaq
Ishaq
Ishâque
Ishat
Ishayu
Ishfaq
Ishir
Ishrat
Ishtaq
Ishtiyaq
Iskafi
Iskandar

Islah
Islam
Ismaael
Ismad
Ismaeel
Ismah
Ismail
Ismat
Isra
Israail
Israfil
Israil
Israr
Issar
Istakhri
Istifa
Itakh
Itban
Ithaar
Itidal
Itimad
Iyaad
Iyaas
Iyaaz
Iyad
Iyali
Iyas
Izaan
Izaz
Izazuddawlah
Izhar
Izyan
Izz
Izz al Din

Izz Udeen
Izzaddeen
Izzat
Izzuddin
Jaabir
Jaad
Jaadallah
Jaafar
Jaan
Jaarallah
Jaasim
Jaasir
Jabal
Jabalah
Jabbar
Jabbar, Jabr
Jabber
Jabez
Jabir
Jabr
Jad
Jad Allah
Jadallah
Jadil-Haqq
Jadwal
Jafar, Jafar
Jaffar
Jaffer
Jah
Jahan
Jahanafirin
Jahangir

Jahangir-Khan
Jahanzeb
Jahdami
Jahdari
Jaheer
Jahid
Jahiz
Jahm
Jahsh
Jal
Jalaal
Jalal
Jalal al Din
Jalal-ud-Din
Jaleb
Jaleel
Jalees
Jalib
Jalil
Jalil, Jaleel
Jalis
Jam, Aan
Jamaal
Jamaal Udeen
Jamal
Jamal al Din
Jamal-ud-Din
Jameel
Jamesha
Jami
Jamil
Jamil, Jameel

Jammaz
Jamshed
Jamuh
Jan
Jan Muhammad
Janasheen
Janayd
Jandarah
Jan-e-Alam
Jansher-Khan
Jaraah
Jareed
Jareer
Jari
Jarir
Jariya
Jariyah
Jarood
Jarrar
Jarullah
Jasar
Jasim
Jasim-ud-Din
Jasir
Jasiyah
Jasmir
Jasoor
Jassur
Jasur
Jauhar
Jaul
Jaun

Javaid
Javed
Javeed
Javier
Jawaad
Jawad
Jawahir
Jawaid
Jawan
Jawdah
Jawdat
Jaweed
Jawhar
Jawwad
Jazam
Jazib
Jazlaan
Jeelan
Jhanda
Jibrail
Jibran
Jibril
Jihaad
Jihad
Jiyaad
Jiyad
Jnab
Jnhih
Juail
Juayl
Jubair
Jubair, Jubayr
Jubayr
Juda

Juday
Jugnu
Juhaym
Jul
Julaybib
Juma'
Jumah, Jumuah
Jumail
Jumanah
Jummal
Junaid
Junaid, Junayd
Junayd
Jundub
Jurayj
Jurhad
Jusamah
Juthamah
Juwain, Juwayn
Juyal
Juzar, Joozher,
Joozhar, Zuzer
Kaab
Kaalim
Kaamil
Kaarim
Kaashif
Kab
Kabaark
Kabeer; Kabir
Kabir
Kadar, Kedar

Kadeem
Kadeen, Kadin
Kadeer, Kadir
Kadir
Kafee
Kafeel
Kafi
Kafil
Kahil
Kahill
Kaif
Ka'im
Kaisan
Kaiser
Kajji
Kala
Kalam
Kalan
Kalbi
Kaleem
Kaleema
Kalim
Kalim-ud-Din
Kalimullah
Kaliq
Kamaal
Kamaaluddeen
Kamal
Kamaluddin
Kameel
Kamil
Kamil, Kameel

Kamran
Kanaan
Kanaz
Karam
Karamah
Karamat
Karamullah
Kardal
Kardar
Kareem
Karif, Kareef
Karim, Kareem
Karmani
Karoobi
Karrar
Karukar
Kasam
Kasar
Kaseem, Kasim
Kaseer
Kashan
Kashef
Kashif
Kasib, Kaseeb
Kasim
Kasir
Kateb, Katib
Katheer
Kathe-Khan
Kathir
Kaukab
Kausar

Kawkab
Kawthar
Kayani
Kayid
Kaykaus
Kaysan
Kazi
Kazim
Keyaan
Khaalid
Khabbab
Khabeer
Khabir
Khader
Khadim
Khafid
Khafiz
Khair
Khair al Din
Khair Udeen
Khairat
Khairi
Khairi, Khairy, Khayri
Khairuddin
Khairul Bashar
Khairy
Khairy, Khayri
Khalaf
Khalaf Hasan
Khalam
Khaldoon
Khaldun
Khaldun, Khaldoon
Khaleed

Khaleefa	Khayr	Khuzaimah,
Khaleel	Khayri	Khuzaymah
Khaleeq	Khayrullah	Khuzayma
Khalfan	Khayyam	Khuzaymah
Khalid	Khayyat	Khwaja
Khalid Bin Walid	Khayyir	Kibria
Khalid, Khaled	Khazin	Kifah
Khalifa	Khidash	Kifat
Khalifah	Khidr	Kifayat
Khalig	Khirash	Kinza
Khalil	Khizar	Kishwar
Khalil al Allah	Khizr	Kohinoor
Khalil, Khaleel, Kal	Khoury	Kudrat
Khalilullah	Khubaib	Kulsoom
Khalilur	Khubayb	Kulthum
Khaliq	Khuda Bakhsh	Kunmayl
Khaliqus Subhan	Khulaidah	Kurayb
Khaliquz Zaman	Khulaifah	Kursheed
Khalis	Khulayd	Kutaiba
Khallad	Khulud	Kuukburi
Khallaq	Khulus	Labeeb
Kharijah	Khunays	Labeed
Khashi	Khuram	Labib, Labeeb
Khasib	Khuraym	Labid
Khateeb	Khuraymah	Lablab
Khatib	Khurram	Laeeq
Khatir	Khursheed	Lahab
Khawar	Khurshid	Laham
Khawli	Khush Bakht	Lahi'ah
Khawwas	Khusham	Laiq
Khawwat	Khushtar	Lais
Khayaam	Khusraw	Laith

Lajlaj
Lakshman-Khan
Laman
Lame
Lamee
Lam'I, Lamee
Laqeet
Laraib
Laskhar
Latafat
Lateef
Latif
Layeeq
Layth
Layyin
Layzal
Lazim
Liaqat
Liaquat
Liban
Limazah
Lisan
Lisanuddin
Liyaqah
Liyaqat
Lodhi
Lu'ay
Lubaid, Lubayd
Luqmaan
Luqman
Lut
Lutf
Lutfi
Lutf-ul-Baari

Lutfullah	Mahdi	Maka-Khan
Lutf-ur-Rahman	Mahdy	Makarram-Khan
Luwai	Maheen	Makeen
Maad	Maher	Makhdoom
Maahi	Mahfooz	Makin
Maahir	Mahfuj	Makki
Maaiz	Mahfuz	Makram
Maajid	Mahfuzur Rahman	Maleek
Maali	Mahib	Malih
Maalik	Mahir	Maluf
Maarij	Mahja	Ma'mar
Ma'awiya	Mahjub	Mamdooh
Maaz	Mahmood;	Mamdouh,
Maazin	Mahmoud;	Mamduh
Mabad	Mahmud	Mamnoon
Mabarak	Mahrus	Mamoon
Mabruk	Mahud	Mamoor
Mad	Mahuroos	Mamun
Ma'dan	Mahzuz	Ma'n
Madani	Maimun, Maymun	Manaf
Madhat	Maisara	Manal
Madi	Maisoon	Mandhur
Madih	Maisur	Mangal
Madyan	Majd	Manhal
Mahad	Majd al Din	Mani
Mahasin	Majd Udeen	Mannan
Mahaz	Majdi	Manoshan
Mahbeer	Majduddin	Mansha
Mahboob	Majdy	Manshoor
Mahbub	Majeed	Mansoor
Mahbubullah	Majid	Mansooruddin
Mahd	Majid al Din	Mansour

Mansur
Mansur-Khan
Manus
Manzar
Manzoor
Maqadar
Maqbool
Maqbul
Maqeem
Maqil
Maqsood
Maqsud
Maram
Maraqab
Marghoob
Marghub
Marid
Markooz
Maroof
Marsad
Maru'deen.
Maruf
Marufirah
Marwaan
Marwan
Marzooq
Marzouq
Marzuq
Masarrat
Maseeh
Maseehuzzaman
Mashal
Masheer
Mashhood

Mashhud	Mazharul Haq	Miqdaad
Mashhur	Mazid	Miqdaam
Mashkoor	Mazin	Miqdad
Mashkur	Mazkoor	Miqdam
Masir	Mazur	Mir
Maslama	Mehboob	Mir Jahaan
Masood	Meherdad	Miraj
Masoud	Mehmood	Miran
Masroor	Mehmud	Mirsab
Masruq	Mehtab	Mirza
Masrur	Mehul	Misal
Mastoor	Mekka	Misam
Masud	Mensur	Misaq
Masum	Merdasan	Misbaah
Masun	Meryam	Misbah
Mateen	Mibsam, Mebsam	Misbahuddin
Matin	Midlaj	Misfar
Matloob	Miftah	Mishaal, Mishal
Maudad	Mifzal	Mishaari
Mausoof	Mihran	Miskeen
Mawahib	Mihyar	Mistah
Mawdood	Mika	Miyaz
Mawdud	Mikaeel	Mizan
Mawhoob	Mikail	Mizanur Rahman
Mawla	Mikayeel	Moazzam
Mawsil	Mikhail	Mobeen
Maymun	Mimar	Moeen
Maysarah	Mimrah	Moeen ud din
Mazeed	Minhaj	Moeez
Mazhar	Minhajuddin	Moemen
Mazhar-ud-Din	Minnat	Moez
Mazharul	Minnatullah	Mohammad

Mohammed
Mohd. Khaleel
Mohd.Ibraham
Mohid
Mohsin
Moidul
Moin
Moin-Khan
Mokbul
Momin
Moosa
Moosha
Mostafa
Motabir
Mo'tasim
Motaz
Mounir
Mourad
Muaaid
Muaath
Muaawiya
Muad
Muadh
Mu'afa
Mu'alla
Mu'allim
Muammar
Muammer
Mu'attib
Muawin
Muawiyah
Muawwaz
Muawwiz
Muayid

Muayyad
Muaz
Muazzam
Mubajjal
Muballigh
Mubarak
Mubaraq
Mubashar
Mubashir
Mubashshir
Mubassir
Mubayyin
Mubeen
Mubid
Mubin
Mubtasim
Mudabbir
Mudar
Mudasir
Mudasser
Muddassir
Muddaththir
Muddsar
Mudhakkir
Mudrik
Mueen
Mueez
Mufaad
Mufaddal
Mufakhar
Mufakkir
Mufallah

Mufarrij
Mufazzal
Mufid, Mufeed
Mufiz
Muflih
Mufti
Mughis
Mughith
Mughni
Muhaajir
Muhab
Muhaddas
Muhafiz
Muhafiz-ud-Din
Muhaimin
Muhair, Muhayr
Muhajir
Muhammad,
Mohammed
Muhammed Bachal
Muhammed Bux
Muhanna
Muhannad,
Muhanned
Muharrem
Muharrim
Muhazzab
Muhdee
Muheet
Muhib
Muhibb
Muhibuddin

Muhibullah
Muhit
Muhiyuddin
Muhriz
Muhsin
Muhsin
Muhtadi
Muhtady
Muhtashim
Muhyddeen
Muhyi
Muhyi al Din
Muid
Muin
Mu'in/Mu'een
Muinuddawlah
Mu'inuddeen
Muinuddin
Muinul Islam
Muiz
Muizz
Muizzuddawlah
Muizzuddin
Mujaahid
Mujab
Mujaddid
Mujahid
Mujammil
Mujazzir
Mujazziz
Mujeeb
Mujib

Mujibur
Mujir
Mujtaba
Mujtahid
Mukafih
Mukammil
Mukarram
Mukhallad
Mukhlis
Mukhtaar
Mukhtar
Mukhtarul Haq
Muktafi
Mukthadir
Mulayl
Mulham
Mulhim
Mulk
Mulla
Mumin, Moomin
Mummar
Mumtaz
Munadi
Munadil
Munaf
Munahid
Munaim
Munasir
Munawwar
Mundhir
Muneeb
Muneef
Munib
Munif

Munim
Munir, Muneer
Muniruzzaman
Munis
Munjid
Munkadir
Munna
Munqad
Munqiz
Munsif
Muntaha
Muntahakhan
Muntaqim
Muntasir
Muntazar
Muntazir
Munthir
Munzir
Muqaddas
Muqaffa
Muqarrab
Muqatadir
Muqbil
Muqeet
Muqla
Muqsit
Muqtadi
Muqtadir
Muqtafi
Muqtasid
Murabbi
Murad

Murarah
Mursal
Murshid
Murtaad
Murtada, Murtadi,
Murtadhy
Murtadaa
Murtadi, Murtadhy
Murtaza
Musa, Moosa
Musaaid
Mus'ab
Musad
Musaddiq
Musaid
Musawwir
Museeb
Musharraf
Musharrif
Musheer
Mushfiq
Mushir
Mushir-ul-Haq
Mushtaaq
Mushtaq
Musir
Musleh
Muslih
Muslihuddin
Muslim
Mussarrat
Mustaba

Mustaeen
Mustafa Kamal
Mustafa, Mustaffa
Mustafavi
Mustafeed
Mustafiz
Mustahfiz
Mustahsan
Mustajab
Mustakfi
Mustakim
Mustali
Mustamsik
Mustaneer
Mustanjid
Mustansir
Mustaq
Mustaqeem
Mustaqim
Mustarshid
Mustasim
Mustatab
Mustazhir
Mustazi
Muta
Muta Ali
Mutaa
Mutad
Mutahhar
Mutahhir
Mutakabbir
Mutali

Mutamad
Mutamakan
Mutamid
Mutamin
Mutammam
Mutammim
Mutaqid
Mutashim
Mutasim
Mutawakkil
Mutawalli
Mutawassit
Mutaygab
Mutayyib
Mu'taz
Mutazid
Mutazz
Mutee
Muthanna
Muti
Mutiul Islam
Mutiur Rahman
Mutlaq
Muttalib
Muttaqi
Muttee
Muwafaq
Muwaffiq
Muyassar
Muzaffar
Muzaffaruddin
Muzahir
Muzahiruddin
Muzakkir

Muzammil
Muzammil
Muzhir
Muzzammi
Muzzammil
Naabih
Naadir
Naaif
Naa'il
Naaji
Naajy
Naase
Naasif
Naasih
Naasiruddeen
Naathim
Naazil
Naazim
Nabeeh
Nabeel
Nabhan, Nabih
Nabi Bakhsh
Nabi Bux
Nabi
Nabibukhsh
Nabigh
Nabigha
Nabighah
Nabih
Nabil, Nabeel
Nabiullah
Nadeem

Nadheer
Nadhir
Nadiha
Nadim
Nadim, Nadeem
Nadir
Nadira
Nadqid
Nadr
Naeb
Naeem
Naeemullah
Naef
Nafasat
Nafe
Nafee
Nafees
Nafi
Nafis
Nahi
Nahid
Naib
Naif
Naif Na'il
Naim
Najaf
Najah
Najair
Najam
Najat
Naje
Najeeb

Najeed
Najeeh
Najeem
Najeh
Naji
Najib, Najeeb
Najib-ud-Din
Najibullah
Najid
Najih
Najillah
Najiullah
Najiyy
Najjar
Najji
Najm
Najm al Din
Najm Udeen
Najmuddawlah
Najmuddin
Nakir
Naman
Namdar
Nameer
Namik
Namir
Namood
Naqeeb
Naqi
Naqib
Naqid
Naqit

Naqiy
Naqqaash
Naseef
Naseem
Naseer
Naseeruddin
Naseh
Nashah, Nashat
Nashat
Nasheet
Nashi
Nashir
Nashit
Nashwan
Nasib
Nasif
Nasih
Nasihuddin
Nasim
Nasimuddin
Nasim-ul-Haq
Nasir
Nasir al Din
Nasir; Naseer
Nasirah
Nasiruddin
Nasmi
Nasr
Nasr, Nasser
Nasrallah
Nasri
Nasruddin
Nasrullah
Nassaar

Nasser	Nazim, Nazeem	Nokhez
Nasser Udeen	Nazimuddin	Noman
Nasuh	Nazir	Nooh
Natheer	Nazmi	Noor
Natiq	Nazzeer	Noor Muhammad
Nauman	Neeshaan	Noor Udeen
Naushad	Nehan	Noorali
Naveed	Niaz	Noori
Navid; Naved	Niazi	Nooruddin
Navroz	Nibras	Noorul Absar
Nawaar	Nidal	Noorul Ayn
Nawab	Nihal	Noorul Haq
Nawaf, Nawwaf	Nijad	Noorul Huda
Nawal	Nilabh	Noorullah
Nawaz	Nimat	Nooruz Zaman
Naweed	Nimatullah	Nooruzzaman
Nawf	Nimr	Noraiz
Nawfal	Nisar	Nosherwan
Nawshad	Nishaaj	Nour
Nawwaf	Nishat	Noureddine
Nayab	Nithar	Nuaim, Nuaym
Nayif, Naif	Niyaz	Nuaym
Nayyar	Nizaam	Nuayum
Nazakat	Nizaar	Nubaid
Nazan	Nizal	Nuh, Nooh
Nazar	Nizam	Nuhaid, Nuhayd
Nazeef	Nizamat	Nujaym
Nazeeh	Nizami	Nu'maan
Nazeer	Nizamuddin	Numair
Nazif	Nizam-ul-Mulk	Numan
Nazih	Nizar	Nur
Nazih, Nazeeh	Nizzar	Nur al Din

Nur Firdaus
Nurani
Nuraz
Nurdeen
Nuri, Noori
Nur-ul-Qiblatayn
Nusayb
Nusayr
Nusrah, Nusrat
Nusrat
Nusratuddin
Nuzayh
Obaid
Omair
Omar
Omeir
Omran
Osama
Osman
Ossama
Ossamah
Othman
Owais
Pamir
Parsa
Parvaiz
Parvez
Parwez
Pasha
Pervaiz
Pir
Pirzada
Purdil
Qaadir

Qaaid
Qaasim
Qabeel
Qabid
Qabil, Qabeel,
Qaabeel
Qabir
Qabiz
Qabool
Qabus
Qadar
Qaddur/Qaddoor
Qadeer
Qadi
Qadim
Qadir
Qahhar
Qahir
Qahtan
Qaid
Qaim
Qais
Qaiser
Qalandar
Qamar
Qamaruddin
Qanbar
Qane
Qani/Qanee
Qanit
Qaraja
Qareeb

Qarib
Qarin
Qaseem
Qasid
Qasidul Haq
Qasif
Qasim
Qasit/Qaasit
Qaswarah
Qatada
Qatadah
Qatawah
Qati'i
Qawee
Qawi
Qays, Qais
Qayyam
Qayyim
Qayyum
Qazafi
Qazi
Qidam
Qismat
Qiwam
Qiwamuddin
Quadir
Quasim
Qudamah
Quddoos
Quddus
Qudoos
Qudrat

Qudratullah
Quds
Qudsi
Qudus
Qudwa
Quraish
Qurban
Qureshi
Qurratulayn
Qusay
Qusta
Qutaiba
Qutaybah, Qutaibah
Qutb
Qutbah
Qutbuddin
Qutub
Qutuz
Raadi
Raafe
Raafi
Raahil
Raaid
Raaji
Raakaan
Raakin
Raamis
Raamiz
Raashid
Raatib
Raazi
Rab

Rabah
Rabar
Rabb
Rabbani
Rabee
Rabees
Rabi
Rabia
Rabiah
Rabih
Rabit
Radi/Radhi
Ra'ed
Raeef
Raees
Raem
Rafan
Rafaqat
Rafay
Rafe
Rafee
Rafeed
Rafeek
Rafeeq
Rafi
Rafid
Rafif
Rafik
Rafik-Khan
Rafiq
Rafiqul Islam
Rafi-ud-Din
Ragheb
Ragheed

Raghib, Ragheb
Raghid
Raham
Rahat
Rahbar
Raheel
Raheem; Rahim
Raheesh
Rahib
Rahil
Rahim
Rahman
Rahmat
Rahmatullah
Rai
Ra'id, Raed, Raa'id
Raif
Raihaan
Raihan
Raiq
Rais
Raisuddin
Raiyan
Raja
Raja Al-Karim
Rajaa
Rajab
Rajah
Rajeel
Rajeh
Raji, Raajee
Rajih

Rajwan
Rakeem
Rakhshan
Rakin
Ramadan/Ramadha
an
Ramalaan
Rameez
Rami
Ramih
Ramin
Ramiz
Ramiz-ud-Din
Ramzi
Rana
Rani
Rao
Raonar
Raoushan
Raqib
Raqim
Raquib
Raseem
Rasesh
Rashaad
Rashad
Rashdan
Rasheed, Rashid
Rasheed-ud-Din
Rasheeq
Rashid
Rashiduddin

Rashiq
Rasikh
Rasil
Rasim
Rasin
Raslan
Rasmi
Rasool
Rasool Bux
Rasul
Rasul aidil
Rasul aidil
Rasul
Ratib
Ratiq
Rauf
Raunak
Ravoof
Rawaha
Rawahah
Rawdah
Rawh
Rawman
Rawza
Rayan
Rayees
Rayhaan
Rayhan
Rayn
Rayyaan
Rayyan
Raza

Razak
Razam
Razeen
Razi
Razin
Raziq
Razi-Ur-Rahman
Razzaq
Reda, Rida, Ridha
Reem
Reemaz
Rehaan
Rehaman; Rehman; Rahaman; Rahman
Rehan
Rehma
Rehman
Rehmat
Rehmat-ullah
Rehyaaz
Reza
Rezaul
Rezaul Karim
Riaz
Rib'i
Ribi'i
Rida
Ridha
Ridhwan
Ridwaan
Ridwan
Rifaah
Rifah
Rifat
Rihab

Risay
Rishan
Riyaal
Riyad, Riyadh
Riyasat
Riyaz
Riyazul Islam
Riyyan
Riza
Rizawan
Rizq
Rizq Allah
Rizvi
Rizwaan
Rizwan
Robeel
Rohail
Romail
Ronaq
Rooh
Roohul Amin
Roohullah
Roshan
Rowel
Ruhab
Ruhani
Ruhi
Ruhul Haq
Ruhul Qudus
Rukanah
Rukhailah
Rukham

Rukn
Ruknud Din
Rushan
Rushd
Rushdi
Rushil
Rustam
Ruwaid, Ruwayd
Ruwayfe
Ruwayfi
Ruwwad
Sabih, Sabeeh
Saabiq
Saabir
Saad
Saadah
Saadat
Saadi
Saadiq
Saaduddin
Saadullah
Saafi
Saafir
Saahir
Saaiq
Saajid
Saal
Saalih
Saalim
Saami
Saamir
Saaqib

Saariyah
Sab
Sabaah
Sabah
Sabahat
Sabaque
Sabat
Sabbir
Sabeeh
Sabeer
Sabih, Sabeeh
Sabil
Sabiq
Sabir, Sabeer
Sabit
Saboor
Sabri
Sabuh
Sabur
Saburah
Sad
Sad al Din
Sadaat
Sadad
Sadan
Sadaqat
Sadeed
Sadeem
Sadeeq
Sadi
Sadid
Sadik

Sadiq
Sadir
Sadit
Sadoon
Sadooq
Sadr
Sadruddin
Saduh
Saeeb
Saeed, Said
Saeeduz Zaman
Saeel
Safa
Safar
Safdar
Safeenah
Safeer
Saffah
Saffar
Safi
Safir
Safiuddin
Safiullah
Safiy
Safiy al Din
Safiy-Allah
Safiyy
Safiyyullah
Safuh
Saful Islam
Safulmulk
Safwaan
Safwah, Safwat
Safwan

Safwat	Sajal	Salar
Sagar	Saji	Salarjung
Sagheer	Sajid	Saleel
Saghir	Sajidur Rahman	Saleem
Saghir Ali	Sajjad	Saleemullah
Sahab	Sakeen	Saleemuz Zaman
Sahar	Sakha	Saleet
Saheim	Sakhan	Saleh, Salih
Sahel	Sakhawat	Salem
Sahib	Sakher	Salif
Sahil	Sakhi	Salih
Sahir	Sakhir	Salik
Sahl	Sakhr	Salil
Sahm	Sakhrah	Salim, Saleem
Sahmir	Saklain	Salit
Saib	Sakoot	Salmaan
Said, Sayyid	Salaah	Salman
Saidah	Salaahddinn	Salsaal
Saif	Salaam	Salsal
Saif al Din	Salabah	Salt
Saif, Sayf, Seif	Salabat	Sama
Saifan	Salah	Samad
Saifuddin	Salah al Din	Samah
Saiful Azman	Salah Udeen	Samama
Saiful Baari	Salah	Saman
Saiful Islam	Salahuddin	Samar
Saifullah	Salah-ud-Din	Samee
Saim	Salam	Sameed
Sair	Salama	Sameeh
Sa'irah	Salamah	Sameer, Samir
Saiyid	Salamat	Sameeullah
Saja	Salamatullah	Sameh

Sami
Samih
Samil
Samim
Samin
Samiq
Samir, Sameer
Samit
Samiy
Sammak
Samman
Samsaam
Samsam
Samurah
Sana
Sanad
Sanaubar
Sanaul
Sanaullah
Sanawbar
Sanie
Saniyy
Sa'ood
Saqaf
Saqeel
Saqer
Saqib
Saqif
Saqlain
Saqr
Saquib
Sarab
Sarae
Sarafat

Saramat
Sarar
Sardar
Sarfaraz
Sarfraz
Sarim
Sariyah
Sarkar
Sarmad
Sarosh
Sartaj
Sarwar
Sarwat
Sati
Satih
Sattar
Sauban
Saud
Saulat
Sawa
Sawad
Sawlat
Sawwaf
Sayeed
Sayeshan
Sayf
Sayf Udeen
Sayfiyy
Sayfullah
Sayhan
Sayid
Sayooj

Sayuj
Sayyar
Sayyid
Seema
Seif
Seif al Din
Seif, Sayf
Shaady
Shaaf
Shaafi
Shaaheen
Shaahir
Shaamikh
Shaamil
Shaar
Shaariq
Shabaan
Shabab
Shaban
Shabar
Shabaz
Shabb
Shabbar
Shabbeer
Shabbir
Shabeeh
Shabeer-Ali
Shabi
Shabib
Shabir
Shad
Shadab

Shadaf
Shadah
Shadan
Shaddaad
Shadeed
Shadhin
Shadi
Shadin
Shadman-Khan
Shafaat
Shafay
Shafee
Shafeeq
Shafi
Shafin
Shafiq, Shafeeq
Shafiulla
Shafqat
Shagufta
Shaguftah
Shah
Shah Alam
Shah Jahan
Shah Nawaz
Shah Nawaz;
Shahnawaz
Shahab
Shahadat
Shahalad
Shahan
Shahan Shah
Shaharyar

Shahbaz
Shaheed
Shaheem
Shaheen
Shaheer
Shaheryar
Shahid
Shahin
Shahiq
Shahir
Shahjahan
Shahnaaz
Shahnawaz
Shahnawaz
Shahrukh
Shahrul
Shahwar
Shahzad
Shahzada
Shahzaib
Shahzor
Shahzore
Shaibaan
Shaida
Shaik
Shaikh
Shaikhul Islam
Shailen
Shaiq
Shairyaar
Shaista
Shaizad
Shajan
Shajee

Shaji	Shamsheer	Sharjeel
Shakaib	Shamsideen	Shatir
Shakeel	Shams-ud-Din	Shaukat
Shakeyb	Shamsuddin-Khan	Shawaiz
Shakib	Shamsudduha	Shawal
Shakil	Shamsul	Shawkat
Shakir	Shams-Ul-Haq	Shawqi
Shakoor	Shamsuzzaman	Shayaan
Shakorun	Shamuel	Shayal
Shakur	Shan	Shayan
Shalabh	Shanawar	Shaybah
Shalik	Shaoor	Shayda
Shalin	Shaqeeq	Shaz
Shalina	Shaquita	Shazad
Shaline	Sharaf	Shazeb
Shallal	Sharafat	Shaziya
Shamal	Sharafuddin	Shees
Shamas	Sharafyab	Shehran
Shameel	Sharaheel	Shehroze
Shameem	Shardul	Shehryaar
Shamel	Shareef	Shehryar
Shamikh	Shareeh	Shehyar
Shamil	Shareek	Shehzaad
Shamim	Shareeq	Sher
Shamiq	Shariat	Sherafgan
Shammakh	Shariatullah	Sheraz
Shammas	Sharif, Shareef	Sheryar
Shammyn	Sharifuddin	Shibil
Shamoil	Sharifudin	Shibl
Shams	Sharim	Shibli
Shams al Din	Shariq	Shifa
Shamshad	Sharique	Shifwat

Shihaab
Shihab
Shihab al Din
Shihab
Shihabuddin
Shihad
Shiham
Shimah
Shiqdar
Shiraz
Shoaib
Shriranjan
Shua
Shu'aa
Shuaib, Shuayb
Shubool
Shufwat
Shuhrat
Shuja
Shujaa
Shujaat
Shujauddin
Shukr
Shukrallah
Shukri
Shumail
Shumayl
Shuneal
Shuqran
Shurahbeel
Shuraih
Shurayh
Shuraym
Siddeeqi

Siddiq
Siddique
Siddiqui
Siddiqullah
Sidqi
Sifarish-KhanSofian
Sifet
Siham
Sikandar
Silah
Silahuddin
Silan
Silm
Silmi
Simak
Sinan
Sinanuddin
Siraaj
Siraj
Siraj al Din
Sirajud Dawlah
Sirajuddeen
Sirajuddin
Siwar
Slaeet
Sofian
Sohaib
Sohail
Soham
Sohel; Sohail
Sohil
Sohrab
Sohum
Somood
Sonia
Souban
Souffian
Su`ud
Sual
Subah
Subahuddin
Subaih
Subayah
Subbooh
Subhan
Subhi
Subhy
Suboor
Sufi
Sufian
Sufyaan
Sufyan
Suhaan
Suhaem
Suhaib, Suhayb
Suhail, Suhayl
Suhaili
Suhaim, Suhaym
Suhayb
Suhayl
Suhayr
Suheb
Suhrab
Sulaimaan
Sulaiman
Sulaiman, Sulayman
Sulayk
Sulayman
Sulayt
Suleman
Sultaan
Sultan
Sumamah
Sumayya
Sumrah
Suoud
Suraqah
Surayj
Suroor
Surraq
Surur
Suud, Suoud
Suwailim
Suwaybit
Suwayd
Swab
Sydeek
Syed
Taafeef
Taaha
Taahid
Taahir
Taai
Taajuddeen
Taalib
Taalim

Taamir
Taanish
Taban
Tabarik
Tabassum
Tabbar
Tabeed
Tabish
Tabnak
Tabrez
Tafazzul
Tafazzul Husain
Tafheem
Taha
Tahawwur
Tahfeez
Tahib
Tahir
Tahleem
Tahmeed
Tahmid
Tahoor
Tahseen
Tahsin
Taib
Taif
Taifur Rahman
Taim Allah, Taym Allah
Taimoor
Taimoor-khan
Taimullah
Taimur
Taiseer
Taisir

Taj	Tamiz	Tarique
Taj al Din	Tamiz-ud-Din	Tarub
Taj Bakhsh	Tamjid	Tasadduq
Tajammal	Tamkanat	Tasadduq Husain
Tajammul	Tamkeen	Tasawwar
Tajammul Husain	Tammaam	Taseel
Tajdar	Tammam	Taseen
Tajim	Tamton	Taseer
Tajmmul	Tamwar	Tashbeed
Tajuddin	Tanim	Tasin
Tajul Islam	Tanveer	Taskeen
Tajwar	Tanvir	Taslim
Talaal	Tanweel	Tasmeem
Talab	Tanweer	Tasneem
Talal	Tanwir	Tassadaq
Talat	Tanzeem	Tatheer
Talha	Tanzil	Taufiq
Talhah	Tanzilur Rahman	Tauqeer
Tali	Taqaddam	Tawbah
Talib	Taqdees	Tawfeeq
Talim	Taqi	Tawfiq
Talish	Taqiuddin	Tawheed
Taloob	Taqiy	Tawhid
Taloot	Taqiyy	Tawoos
Talum	Tarannum	Tawqir
Talût	Taraz	Tawseef
Tamam	Tareef	Tawwab
Tamanna	Tareeq	Taym
Tameem	Tarfah	Taymullah
Tameez	Tarif, Tareef	Taymur
Tamim	Tariq	Tayseer
Tamir	Tariq	Taysir

Tayyeb
Tayyib
Tazam
Tazeem
Tazim
Tazimuddin
Tazneem
Tehseen
Thaabit
Thaamir
Thaaqib
Thabit
Tha'labah
Thalah
Thaman
Thamar
Thamer, Thamir
Thaqaf
Thaqib
Tharwan
Tharwat
Thauban
Thawab
Thawban
Thayer
Thumamah
Tihami
Tiraq
Tirmizi
Tobias
Tooba
Toqeer
Tufail
Tufayl

Tuhin	Umayr, Umair	Uwaym
Tuhinsurra	Umayyah	Uways
Tulayb	Umdah	Uzair
Tunveer	Umdatuddawlah	Uzayr
Turab	Umer	Waahid
Turhan	Umran	Waail
Turki	Unais	Waali
Ubaadah	Unal	Waatiq
Ubada	Unays	Wabisah
Ubadah, Ubaida,	Uns	Wada
Ubay	Unsar	Waddaah
Ubaid	Uqaab	Waddah
Ubaida	Uqba	Wadee
Ubaidah, Ubaydah	Uqbah	Wadeed
Ubaidullah	Urfee	Wadi
Ubay	Urmia	Wadid
Ubayd	Urooj	Wadood
Ubaydullah	Urwa	Wadud
Ubayy	Urwah	Wafa
Ubayyi	Usaama	Wafadar
Udail, Udayl	Usaamah	Wafai
Uday	Usaid	Wafaqat
Uddin	Usaim, Usaym	Wafeeq
Uhban	Usama, Usamah	Wafi
Ukkasha	Usayd	Wafiq, Wafeeq
Ukkashah	Usman	Wahab
Ula	Utbah	Wahb
Ulfat	Uthal	Wahban
Ulwan	Uthmaan	Wahdat
Umaarah	Uthman	Waheed
Umar, Omar	Uwais	Wahhab
Umarah	Uwayam	Wahhaj

Wahi
Wahib
Wahid
Wahiduddin
Wahiduzzaman
Wail
Wais
Waiz
Wajahat
Wajd
Wajdaan
Wajdan
Wajdi
Wajeeb
Wajeeh
Wajid
Wajih, Wajeeh
Wakalat
Wakee
Wakeel
Wakil
Waleed, Walid
Wali
Walid, Waleed
Walif
Wali-ud-din
Waliullah
Waliy al Din
Waliy Allah
Waliyudeen
Waliyullah
Wallad
Walleed
Walliyullah

Wamaq	Wazir	Yar
Waqaar	Wilan	Yar Muhammad
Waqar	Wilayat	Yasaar
Waqar	Wildan	Yasar, Yasser
Waqas	Wisaam	Yaseen
Waqf	Wisam	Yasha
Waqid	Womiq	Yasin, Yaseen
Waqif	Wuhayb	Yasir
Waqiyy	Xander	Yasra
Waqqad	Yaaemeen	Yasrib
Waqqas	Yaamin	Yasruddin
Waraqah	Yaaseen	Yathrib
Ward	Yaasir	Yawar
Warid	Yaasoob	Yazan
Warif	Yaeesh	Yazeed
Waris	Yafi	Yazid, Yazeed
Warith	Yaghnam	Yoonus
Warqa	Yahya	Yoosuf
Wasay	Yahyaa	Yosoph
Waseef	Yakta	Younes
Waseem	Yakub-Khan	Younis
Waseeq	Ya'la	Youssef, Yusef,
Wasi	Yamak	Yusu
Wasidali	Yaman	Yuhannis
Wasif	Yameen	Yuhans
Wasil	Yamin	Yumn
Wasilah	Yaqana	Yunis
Wasim, Waseem	Yaqeen	Yunus, Yoonus
Wasimuddin	Yaqoob	Yushua
Wasiq	Yaqoot	Yusr
Watheq	Yaqub	Yusri
Wathiq	Yaqzan	Yusuf

Zaabit
Zaad
Zaafir
Zaahid
Zaahir
Zaaid
Zaakir
Zaamil
Zaarib
Zabba
Zabrij
Zackariya
Zaeem
Zafar
Zafeer
Zafir
Zafrul
Zagheem
Zaghlool
Zaheer
Zaheeruddawlah
Zaheeruddin
Zahhaak
Zahi
Zahid
Zahil
Zahin
Zahir
Zahoor
Zaib
Zaid, Zayd
Zaidaan
Zaigham
Zaim

Zaimuddin
Zain, Zayn
Zainuddeen
Zainuddin
Zainul Abidin
Zair
Zajil
Zaka
Zakar
Zakaria
Zakariya
Zakariyya
Zakawan
Zakawat
Zakee
Zakhif
Zaki, Zaky
Zakir
Zakiuddin
Zakiy
Zakoor
Zakwan
Zalool
Zamaam
Zamaar
Zaman
Zaman Shah
Zameel
Zameer
Zami
Zamil
Zamin

Zamir
Zamiruddin
Zamurad
Zamurah
Zamzam
Zany al-Abidn
Zarar
Zaray
Zareef
Zarf
Zarif
Zaroon
Zarrar
Zashil
Zauq
Zawaad
Zawar
Zayaam
Zayan
Zayb
Zayd
Zaydan
Zayer
Zaygham
Zayid
Zayn
Zaytoon
Zayyaan
Zayyan
Zeb
Zebadiyah
Zeebaq

Zeenan-Khan
Zeeshan
Zeeya
Zeyad
Zhobin
Zia
Ziad, Ziyad
Ziaud
Ziauddin
Ziaul-Haq
Ziaur Rahman
Zihni
Zikr
Zill
Zillullah
Zillur Rahman
Zimar
Zirgham
Zirwah
Ziryab
Zishan
Ziyaad
Ziyad
Ziyada
Ziyadatullah
Zohaib
Zohair
Zoheb
Zohoor
Zohoorul Bari
Zoraiz
Zoran

Zosar
Zubaid
Zubair, Zubayr
Zuehb
Zufar
Zuha
Zuhaib
Zuhair, Zuhayr
Zuhoor
Zuka
Zukauddin
Zukaullah
Zukaur Rahman
Zukhruf
Zukr
Zul
Zul Kifl
Zul Qarnayn
Zulaym
Zulfaqar
Zulfat
Zulfi
Zulfikkur
Zulfiqar
Zulkifl
Zulqarnain
Zunnoon
Zuraara
Zushimalain
Zuti

Noms les filles

Aabidah
Aabirah
Aabish
Aadab
Aadila
Aaeedah
Aaeesha
Aafia
Aafiya
Aafreeda
Aafreen
Aaida
Aa'idah
Aaila
Aairah
Aaisha
Aakifah
Aala
Aaleyah
Aalia
Aalimah
Aaliya
Aaliyah
Aamaal
Aamal
Aamanee
Aamilah
Aamina
Aaminah
Aamira

Aamirah
Aani Fatimah
Aani Fatimah Khatoon
Aania
Aanisa
Aanisah
Aaqilah
Aara
Aarifa
Aarifah
Aasia
Aasima
Aasimah
Aasira
Aasiya
Aasiyah
Aasmaa
Aatifa
Aatika
Aatikah
Aatiqah
Aatirah
Aayaat
Aazeen
Abal
Abasah
Abbasa
Abda
Abdah
Abdia
Abdul Basit

Abeedah
Abeela
Abeer
Abeera
Abeerah
Abia
Abidah, Abida
Abir, Abeer
Ablaa; Ablah, Abla
Abqurah
Abra
Abrar
Abreshmina
Ada
Adab, Aadab
Adala
Adara
Adawiyah
Adeeba
Adeela
Adeelah
Adeena
Adeeva
Adhraaa
Adiba
Ad'ifaah
Adilah, Adila, Adeela
Adiva
Adla
Adn
Afaaf

Afaf
Afeefa
Afeerah
Afia
Afifa
Afifah
Afiyah
Afizah
Afkar
Afnaan
Afnan
Afra, Afraa
Afraah
Afrah
Afreen
Afrin
Afroz
Afroza
Afroze
Afsa
Afsana
Afsar
Afsar Ara
Afshan
Afsheen
Afya
Afza
Agharid
Aghsan
Ahd
Ahdaf
Ahdia

Ahlaam
Ahlam
Aidah, Aida
Aighar
Aila
Aimal
Aimen
Ain
Ain alsaba
Aini
Aisha
A'ishah
Aishah, Aisha, Ayishah
Aiya
Aiyla
Aiza
Aizah
Ajeebah
Ajlal
Ajrada
Ajradah
Ajwa
Akhtar
Akia
Akida
Akifa
Akifah
Akilah
Akleema
Aklima
Akshiti
Al Batra'a
Al Zahra
Ala', Aalaa

Al-Adur al-Karimah	Alma	Ambareen
Al-Adur al-Karimah	Almaas	Ambarin
Alaia	Almaasa	Amber
Alam	Almas	Ambereen
Alam Ara	Alraaz	Ambreen
Alayna	Altaf	Ambrim
Aleefa	Altthea	Ameena
Aleema	Aludra	Ameenah
Aleemah	Alvina	Ameera
Aleena	Alya	Ameerah
Aleeza	Alyaa	Amel
Alesha	Alyan	Amelia
Alhan	Alzubra	Amena
Alhena	Ama	Amenah
Alia	Amaal	Amila
Aliah	Amaani	Amilah
Alifa	Amah	Amima
Alihat	Amal, Amal, Aamal,	Amina
Alika	Amala	Aminah, Amineh,
Alima	Amala	Ameena
Alimah	Amalia	Amira
Alina	Aman	Amirah, Ameera
Alisha	Amana	Amjad
Alishaba	Amanat	Ammara
Alishay	Amanee	Ammarah
Alishba	Amani	Amna
Aliya	Amany	Amniyya
Aliyah, Aliyyah,	Amara	Amra
Alia, Alia	Amatul Karim	Amrah
Aliza	Amatullah	Amreen
Allanna	Amaya	Amrozia
Alleyah	Ambara	Amsah

Amtullah
Ana
Anadil
Anah
Anal
Anam
Anan, Anaan
Anat
Anaum
Anbar
Anbara
Anbarin
And
Andalah
Andaleeb
Andalib
Andlib
Aneeba
Aneeqa
Anees
Aneesa
Aneesah
Angbin
Anida
Anika
Anila
Aniqa
Anisah, Aneesa
Anisha
Aniya
Anja
Anjum
Anjuman
Anjuman Ara

Anmar
Anna
Annam
Anniyah
Annum
Anousha
Anqa
Ansam
Anum
Anwar, Anwaar
Anwara
Anwarah
Anya
Aoj
Aqdas
Aqeela
Aqeelah
Aqiba
Aqila
Aqilah
Aqsa
Ara
Aram
Areeba
Areebah
Areefa
Areej
Aresha
Arfa
Ariana
Aribah
Arifa

Arifah
Arij, Areej
Arisha
Arissa
Ariyya
Arjumand
Arjumnd Bano
Armin
Aroob
Arooj
Aroosa
Arouge
Aroush
Arsala
Arshia
Arshiya
Arub, Aroob
Arus
Arva
Arwa
Aryisha
Arzo
Arzoo
Arzu
Asah
Asalah
Asar
Asarat
Asbah
Aseela
Aseelah
Asfa

Asfaq
Asfia
Asfiya
Asgari
Asghia
A'shadieeyah
Ashalina
Ashbah
Ashbala
Asheeyana
Ashfina
Ashika
Ashmiza
Ashraf
Ashraf Jahan
Ashwaq
Asia
Asifa
Asil
Asila
Asilah
Asili
Asimah, Asima
Asiya, Asiyah
Asjad
Asli
Asma, Asma,
Asmaa
Asmahan
Asmara
Asmat
Asna

Asra
Asrar
Asriyah
Ateefa
Ateeqa
Ateeqah
Ateeyah
Atheer
Athilah
Athir
Athmah
Atia
Atif
Atifah, Atifa
Atifat
Atikah, Atika
Atiqa
Atiqah
Atira
Atiyah, Atiya
Atiyya
Attia
Atuf
Atyaf
Aushah
Awa
Awaatif
Awatif
Awda
Aya
Ayaana
Ayaat
Ayah, Ayeh
Ayan

Ayana	Basimah, Baseema	Bahriyah al-Aabidah
Ayat	Baasima	Baiza
Ayeh	Badai	Bajeela
Ayesha	Badeea	Bajila
Aymen	Badiah, Badia	Bakarah
Ayn	Badiha	Bakhita
Aynul Hayat	Badiyah	Bakht
Aynun Nahr	Badr	Bakhtawar
Ayra	Badra	Bakura
Aysha	Badriyah,	Baleegha
Ayshah	Badriyyah, Badriya	Baligha
Azaa	Badriyya	Balqees
Azadeh	Badrun Nisa	Balqis
Azah	Badyah	Balsam
Azam	Baha	Ban
Azeema	Bahaa	Banafsaj
Azeemah	Bahar	Banafsha
Azeeza	Bahar Bano	Banan
Azhar, Azhaar	Baheeja	Bano
Azima	Baheera	Banu
Aziman	Bahia	Banujah
Aziz	Bahij	Baqilah
Azizah, Aziza,	Bahija	Baraa'a
Azeeza	Bahijah	Baraah
Azka	Bahirah, Bahira,	Baraim
Azma	Baheera	Barakah, Baraka
Azmina	Bahiyah, Bahiya,	Barat
Azra	Bahiyaa	Bareea
Azraa	Bahiyyah	Bareerah
Azwa	Bahja	Baria
Azzah, Azza	Bahra'	Bariah
Az-zahra	Bahraa	Bari'ah, Baraa'a

Barika
Barirah
Barja'
Barjaa
Barkat
Barkha
Barrah
Barraqa
Barsa
Barzah
Basaaria
Basbas
Basbasah
Baseema
Baseera
Basemah
Bashair
Basharat
Bashasha
Basheera; Bashirah
Bashirah, Basheera
Basila
Basilah
Basima
Basimah, Baseema
Basinah
Basira
Basma; Basmah
Basoos
Bassama
Batina
Batla
Batool; Batul
Batrisyia

Batul, Batool
Bayan
Baysan
Bazala
Bazigha
Bazilah
Bazla
Bazm-Ara
Bazriqa
Beena
Beenish
Begum
Benazir
Bhajat
Bibi
Bilqis, Bilqees
Binesh
Binish
Birrah
Bisar
Bisharah
Bisma
Bismal
Budur
Buhaysah, Buhaisah
Buhayyah
Buhjah
Buhthah
Bujaybah
Bulbul
Bunan
Bunanah

Buqayrah
Burayka
Burdah
Burum
Busaina
Busayrah
Bushra
Bushrah
Busr
Busrah
Bustan
Buthaynah,
Buthainah,
Buthayna
Cala
Cantara
Chaman
Chanda
Chandni; Chandini;
Chandani
Chunna
Daajiyah
Daanah
Daania
Daanya
Daariyah
Dad
Dafiya
Dafiyah
Dahab
Dahma
Daiba

Dalaal, Dalal
Daleela
Dalia
Daliya
Daliyah
Danah
Daneen
Danish
Danish Ara
Daniya
Daniyah
Dara
Darakhshaan
Darakhshan
Daria
Dariya
Dariyah
Darkhshanda
Darra
Daulah
Dawha
Dawlah
Dawlat Khatoon
Dayfah
Deeba
Deema
Deena
Deenah
Delisha
Dema
Dhakirah
Dhakiyah

Dhuha
Dhuka
Dil
Dilara
Dildar
Dilkash
Dilruba
Dilshad
Dilshad Khatoon
Dima
Dimah
Dina
Diqrah
Diyanah
Doaa
Doha
Dua
Duaa
Duba'ah
Duha, Dhuha
Dujanah
Dunia
Dunya
Dunyana
Durafshan
Durar
Durdana
Durdanah
Dur-e-Shahwar
Durnave
Durr
Durra
Durrah
Durriya

Durriyah
Durriyya
Durriyyah
Easmatara
Eiliyah
Eimaan; Eiman
Eliza
Ellena
Elma
Eman
Emma
Enisa
Enny
Eraj
Ereshva
Erina
Ermina
Erum
Esha'al
Eshal
Eshani
Eshmaal
Esita
Ethibal
Ezzah
Faariha
Faatin; Faatina
Fadeelah
Fadheela
Fadhiya
Fadia
Fadila

Fadilah, Fadheela
Fadiyah
Fadwa
Fadwah
Fadyaa
Faeezah
Faekah
Fahamitha
Fahdah, Fahada
Faheemah
Fahhama
Fahima; Faheemah
Fahimah
Fahm
Fahm Ara
Fahmeeda
Fahmida
Faida
Faidah
Faiqa
Faiqah
Fairuzah
Faiza, Faizah
Faizah
Faizia
Fajr
Fakeeha
Fakeehah
Fakhar
Fakhira
Fakhirah
Fakhr

Fakhra
Fakhriya
Fakhriyah
Fakhrun Nisa
Fakhtah
Fakihah
Fakira
Falahat
Falak
Falaknaz
Falaq
Faleha
Faliha
Falihah
Falisha
Famya
Fanan
Fanila
Faqiha
Faqirah
Fara
Faraah
Faraal
Farah
Faraza
Fareeda; Fareedah;
Farida
Fareeha
Fareess
Farha
Farhaana
Farhah

Farhal
Farhana
Farhanah
Farhat
Farheen
Farhi
Farhina
Farhiya
Faria
Fari'ah
Farida
Faridah, Fareeda
Farihah, Fareeha
Farisha
Fariza
Farizah
Farkhandah
Farkhunda
Farqad
Farrukh
Farwa
Farwah
Faryal
Faryat
Farzana
Farzeen
Faseeha
Faseehah
Faseelah
Fasiha
Fasiya
Fateen
Fateena
Fateenah

Fatema
Fatheha
Fathi
Fathiya
Fat'hiyaa
Fathiyah
Fatiha
Fatim
Fatima; Fathima
Fatin or Fatinah
Fatina
Fatinah
Fatma
Fattana
Fauqiyah
Fauzia
Fawha
Fawiza
Fawqiyya
Fawz
Fawza
Fawzaana
Fawzah, Fawza
Fawzia
Fawziyah
Fawziyyah,
Fawziya,
Fayha
Fayrooz
Fayroz
Fayruz
Fayyaza

Fayza
Fazeela
Fazeelat
Fazeen
Fazila
Fazilatun Nisa
Fazluna
Fazzilet
Feekah
Feerozah
Feeza
Feheema
Fehmeeda
Feiyaz
Fellah
Femida
Fida
Fidda
Fiddah
Fikra
Fikriya
Fikriyah
Fikriyya
Fikriyyah
Fir
Firdaus
Firdausi
Firdaws, Firdoos
Firdous
Firdowsa
Firoza
Firyal

Fiza
Fizza
Fizzah
Foram
Forhana
Fouzia
Fozia
Foziah
Fuaada
Fuada
Fudayl
Fukayna
Funoon
Furat
Furaya
Furayah
Furaysa
Furoozan
Fusaylah
Fuseelah
Futun
Fuzail
Gaeti
Gaitha
Gazala
Ghaada
Ghaaliba
Ghaaliya
Ghada
Ghadah, Ghaada
Ghadeer
Ghadia

Ghadir
Ghafira
Ghaida
Ghaidaa
Ghalia
Ghaliba
Ghalibah
Ghaliya
Ghaliyah, Ghaaliya
Ghamza
Ghaneemah
Ghania
Ghaniya
Ghaniyah
Ghaniyya
Gharam
Ghareebah
Gharra
Ghashia
Ghasna
Ghassana
Ghatiya
Ghaya
Ghayda, Ghaydaa
Ghazaala
Ghazal
Ghazala
Ghazalah
Ghaziya
Ghaziyah
Ghibtah
Ghina
Ghitbah
Ghizala

Ghizlan	Gulzaar	Haemah
Ghufayrah	Haadiya	Hafa
Ghufran	Haafiza	Hafeeza
Ghumaysa	Haajar	Hafeezah
Ghumra	Haajara	Haffafa
Ghunwa	Haakima	Hafiza
Ghunwah	Haala	Hafizah
Ghunwah or	Haamida	Hafsa, Ucha
Ghunyah	Haaniya	Hafsah, Hafsa
Ghusn	Haaritha	Hafthah
Ghusoon	Haazima	Hafza
Ghusun, Ghusoon	Hababah	Haibaa
Ghuzaila	Habeeba	Haifa, Hayfa
Ghuzayyah	Habiba	Haifaaa
Golnar; Gulnar	Habibah, Habeeba	Haimi
Guhika	Hablah	Haiza
Gul	Haboos	Hajar
Gul Badan	Hadaya	Hajara
Gul Bahar	Hadbaa	Hajira
Gul Barg	Hadbaaa	Hajjah
Gul Izar	Hadeel	Hajna
Gul Rang	Hadeeqa	Hajrah
Gul Ru	Hadhiqah	Hajun
Gul Rukh	Hadhirah	Hakeema
Gulab	Hadia	Hakima
Gulbano	Hadiah	Hakimah
Gul-e-Rana	Hadil	Hala
Gulika	Hadiyah, Haadiya	Halah, Haala
Gulistan	Hadiyya	Haleema
Gulnar	Hadiyyah	Haleemah
Gulrez	Hadyah	Halia
Gulshan	Haeda	Halima

Halimah, Haleema
Hamaama
Hamama
Hamamah
Hamas
Hamda
Hamdan
Hamdiyah
Hamdoona
Hameeda; Hamidah
Hamida
Hamidah, Hameeda
Hamima
Hammada
Hamna
Hamnah
Hamra
Hamsa
Hana
Hanaaa
Hanaan
Hanan
Haneef
Haneefa
Haneefah
Hanfa
Hani
Hania
Haniah
Haniah
Hanifa, Hanifah, Haneefa
Hanin
Haniyah
Haniyyah, Haniya

Hanna	Hawiya	Henna
Hannah	Hawla	Hessa
Hannan	Hawra	Heyam
Hannuf	Hawraa	Hiba
Hanoon	Hawwa	Hibah
Hanoona	Haya, Hayaa	Hibat Allah
Hanyah	Hayaam	Hibatullah
Hareem	Hayah, Hayat	Hibba
Hareer	Hayam, Hayaam	Hibbah
Harir	Hayat	Hidayah
Harisa	Haydara	Hidiyah
Haroona	Hayed	Hifza
Hasana	Hayfa	Hijab
Hasant	Hayrah	Hijrah
Haseeba	Hayud	Hikma
Haseefa	Hazar	Hikmah, Hikmat
Haseena	Hazeela	Hilal
Hashmat	Hazeerah	Hilala
Hasiba	Hazima	Hilmiyya
Hasibah	Hazimah	Hilwana
Hasifa	Haziqa	Himaja
Hasifah	Haziqah	Himma
Hasina	Hazirah	Hina
Hasinah	Hazzafa	Hinaa
Hasnah, Hasna,	Heba	Hind
Hasna	Heela	Hindah
Hasnat	Heena	Hira
Hassana	Heer	Hirah
Hatima	Hejmana	Hiral
Hawa, Hawwa	Hela	Hishma
Hawadah	Helena	Hissa
Hawazin	Hena	Hitaishi

Hiwaaya
Hiyam
Hiza
Hoda
Hodan
Hoor
Hooria
Hooriya
Hooriyah
Hoorulain
Horia
Hoyam
Hubab
Hubayshah
Hubba
Huboor
Huda, Hooda
Hudun
Hujaymah
Hujayrah
Hujja
Hukaymah
Hulyah
Huma
Humaida
Humaila
Humaina
Humaira
Humairah, Humayrah
Humaydah
Humayra
Humayya
Humera
Hummaira

Humra
Hunaidah,
Hunaydah
Hur
Huriya
Huriyah, Huriyyah,
Hooriya
Huriyyah, Hooriya
Hurmat
Hurriya
Hurya
Husaina
Hushaima
Husn, Husna
Husn Ara
Husni
Husniya
Husniyah
Husniyya
Hussana
Hutaf
Hutun
Huwaidah,
Huwaydah
Huzuz
Iba
Ibadah
Ibadat
Ibrah
Ibrisam
Ibrisami
Ibriz

Ibthaj, Ibtihaj,
Ibtihaaj
Ibtihal
Ibtisaama
Ibtisam, Ibtisaam
Ibtisama
Idhar
Idrak
Iffah, Iffat
Iffat-Ara
Ifra
Ifrah
Iftikar
Iftikhar
Iftin
Iftinan
Ifza
Ighra
Ihaa
Ihab
Ihtisham
Iiham
Ijabo
Ijaz
Ijlal
Ijliyah
Ikhlas
Iklil
Ikraam
Ikram, Ikraam
Ikramiya
Ilaaf

Ilham, Ilhaam
Ilhan
Ilm
Ilmeeyat
Iltimas
Ilyas
Iman, Imaan
Imani
Imsaal
Imthithal
Imtihal
Imtinaan
Imtinan
Imtisal
Imtithal
Imtiyaz, Imtiyaaz
Inaam
Inaaya
Inam, Inaam
Inan
Inas
Inaya
Inayah, Inayat
Inayat
Inga
Insaaf
Insaf
Insha
Inshirah
Intessar
Intisar, Intisaar
Intisarat

Iqamat
Iqra
Iradat
Iraj
Iram
Irem
Irsa
Irtiza
Irum
Isa
Isad
Isaf
Isar
Isbah
Isha
Ishaal
Ishana
Ishani
Ishanvi
Ishfaq
Ishraq
Ishrat
Ishta
Ishya
Isir
Islah
Islam
Isma
Ismah, Ismat
Ismat
Ismat-Ara
Isood
Isra
Israa

Istabraq
Istilah
Itab
Itaf
Ithar
Itidal
Itimad
Itrat
Izaz
Izdihar, Izdihaar
Izma
Izz
Izz an-Nisa
Izza
Izza an-Nisa
Izzah
Izzat
Jaan
Jabalah
Jabarah
Jabeen
Jabin
Jabirah
Jabrayah
Jada
Jadeeda
Jadida
Jadwa
Jahaan
Jahan
Jahan Aara
Jahan Ara

Jahan Khatoon
Jahanara
Jahdamah
Jahida
Jahmyyllah
Jahnavi
Jahnvi
Jaiyana
Jala
Jalaja
Jaleela
Jaleelah
Jaleesah
Jalila
Jalilah
Jalpa
Jalwa
Jamal
Jamala
Jameela
Jameelah
Jameena
Jameerah
Jamia
Jamila
Jamilah, Jameela
Jammana
Jana
Janan, Janaan
Janna
Jannah
Jannat

Jannatul Firdaus
Jareea
Jariyah
Jaseena
Jasira
Jasmin
Jasmina
Jasra
Jasrah
Jassia
Javairea
Javeria
Jawa
Jawahir
Jawda
Jawedan
Jawhara
Jawharah
Jawl
Jawna
Jaza
Jazeera
Jazibiyya
Jazira
Jaziya
Jeelaan
Jehaan
Jehan
Jemimah
Jenna
Jennah
Jessenia

Jian
Jibla
Jihan
Jilan
Jinan
Johara
Joindah
Joodi
Jud
Judaala
Judamah
Judamnah
Judi
Juhaina
Juhainah, Juhaynah
Juhanah
Juhaymah
Juhi
Jumaana
Jumaima
Jumaina
Juman
Jumana
Jumanah, Jumaana
Jumaymah
Jumaynah
Jun
Junah
Junainah
Junayna
Juni
Junna
Junnut
Juveria

Juwairiya	Kameela	Kasool
Juwairiyah,	Kamila	Kasturi
Juwayriyah	Kamilah	Kathirah
Juwan	Kaneez	Kaukab
Juwariyah	Kaneezah	Kaureen
Kaamla	Kaniz	Kausar
Kaatima	Kanizah	Kauser
Kaazima	Kanval	Kawakib
Kabeera	Kanwal	Kawkab
Kabeesha	Kanz	Kawthar
Kabira	Kanza	Kayan
Kabirah	Kanzah	Kaysah
Kabshah	Karam	Kazima
Kafiya	Karamat	Kehara
Kaheela	karawan	Kehkashan
Kaheesha	Kardawaiyah	Khaalida
Kahkushan	Kardawiyah	Khabira
Kaia	Karida	Khadija
Kaif	Karima	Khadijah, Khadeeja
Kaifiya	Karimah, Kareema	Khadra
Kaina	Kariman	Khair
Kainat	Karma	Khaira
Kakuli	Kas	Khairah
Kaleemah	Kashfiya	Khairat
Kali	Kashida	Khairiya
Kalila	Kashifah	Khairun Nisa
Kalima	Kashira	Khaleela
Kalsam	Kashish	Khalida, Khalidah
Kalsoom	Kashmira	Khalilah
Kaltham	Kashooda	Khalisa
Kamal	Kashud	Khalisah
Kamaliyah	Kasirah	Khalwat

Khanam
Khansa
Kharijah
Kharqa
Khashar
Khashia
Khashifa
Khasiba
Khatera
Khatiba
Khatira
Khatoon
Khaula
Khawara
Khawla
Khawlah
Khayrah
Khayriyah, Khayriyyah, Khairiya
Khazanah
Khazeena
Khidrah
Khitam
Khitfa
Khudamah
Khudra
Khudrah
Khulaidah
Khulat
Khulaybah
Khuld
Khullat
Khulud, Khulood
Khunatha
Khurmi

Khursheed
Khurshid Jahan
Khusbakht
Khushbakht
Khushbu
Khuwailah
Khuwaylah
Khuzama
Khuzamah
Kiah
Kifaaya
Kifah
Kinaana
Kiran
Kishwar
Kiswar
Knaval
Kohinoor
Koila
Komal
Komila
Korina
Kouther
Kowaisah
Kuaybah
Kubra
Kuhaylah
Kulsoom
Kulthum, Kulthoom
Kulus
Kunza
Kurat-ul-Ain

Kuwaysah
Kwairah
Kyda
Kyna
Laila
Laaibah
Laaiqa
Laaiqah
Laal
Labeeba
Labeebah
Labiba
Labibah
Lafiza
Lahifa
Laiba
Laiha
Laila
Laiqa
Laiqah
Lakhsha
Lala
Lama
Lamah
Laman
Lamees
Lamia
Lamiah
Lamis, Lamees
Lamisa
Lamisah
Lamya, Lamya

Lana
Lanika
Laraib
Laseef
Lashirah
Latafat
Lateefa
Latifa
Latifah, Lateefa
Latimah
Lawaiza
Layaali
Layaan
Layali
Layan
Layina
Layla, Leila
Layyah
Lazim
Leem
Leen
Leena
Leila
Leilah
Leyla
Liba
Linah, Lina, Leena
Liyana
Liza
Lu Luah
Lubaaba
Lubab

Lubaba
Lubabah, Lubaaba
Lubaina
Luban
Lubana
Lubanah
Lubena
Lublubah
Lubna
Luja
Lujain, Lujayn
Lujaina
Luloah
Lulu
Lulua
Luluah, Lulwa
Luma
Luna
Lunah
Lutf
Lutfana
Lutfiya
Lutfiyya
Lutfun Nisa
Ma as-sama
Maab
Maahnoor
Maajida
Maali
Maariya
Maazina
Mabrooka
Mada
Madaniya

Madar	Mahibah	Maisaa
Madeeha	Mahin	Ma'isah, Maisa
Madhat	Mahinaw	Maisara
Madhia	Mahira	Maisarah
Madia	Mahirah	Maisha
Madiha	Mahjabeen	Maisoon
Madihah, Madeeha	Mahjooba	Maisoora
Maesa	Mahmooda	Maisun
Mah	Mahmoodatun Nisa	Maiyy
Mah Jabin	Mahmudah	Maizah
Mah Liqa	Mahnaz	Majda
Mah Naz	Mahneerah	Majdiya
Mah Noor	Mahnoor	Majdiyya
Mah Rukh	Mahparah	Majeeda
Maha	Mahreen	Majida
Mahaa	Mahrosh	Majidah, Majeeda
Mahabbah	Mahroz	Makarim, Makaarim
Mahala	Mahrukh	Makhtooma
Mahalfa	Mahtab	Makhtoonah
Mahasin	Mahtalat	Makkiyah
Mahbasah	Mahtob	Maktoonah
Mahbooba	Mahum	Maladh
Mahdeeya	Mahveen	Malaha
Mahdhoodha	Mahwish	Malaika
Mahdiya	Maida	Malaikah
Mahdiyah	Maimana	Malak, Malaeka
Maheen	Maimoona,	Malakah
Maheera	Maymunah	Malayeka
Mahek	Maimuna	Maleeha
Mahfoodha	Maimunah	Maleehah
Mahfooza	Maira	Maleeka
Mahfuzah	Mais	Maliha

Malika
Malikah
Malka
Malmal
Mamoona
Manaahil
Manaal
Manaar
Manaara
Manab
Manahel
Manahil
Manal, Manaal
Manar, Manaar
Manara
Mandal
Manfoosah
Manha
Manhalah
Mann
Mannana
Mansoora
Mansurah
Manzoora
Maqboola
Maqboolah
Maqsooda
Marab
Marah
Maram, Maraam
Mardhiah
Mardiyya
Marghuba
Marhabah

Maria	Mashaal	Mawzoona
Mariah	Mashal	May
Mariam, Maryam	Mashhuda	Maya
Marib	Mashia	Mayameen
Maridah	Mashkoora	Mayeda
Mariha	Mashmool	Mayesa
Mariya	Mashoodah	Maymanat
Mariyah	Masira	Maymoona
Mariyya	Masooda	Maymunah
Marjaana	Masooma	Mays, Mais
Marjan	Masoon	Maysa, Maysaa
Marjanah	Mas'ouda	Maysam
Marnia	Masroora	Maysarah
Maroofa	Masrurah	Maysoon
Marqooma	Massima	Maysoora
Marriba	Mastoora	Maysun, Maysoon
Maruff	Mastura	Mayyaada
Marwa	Masudah, Masouda	Mayyadah,
Marwah	Masumah	Mayyada
Maryam	Mateena	Mayyasah
Maryum	Mateenah	Mazeeda
Marziya	Matina	Mazida
Marziyah	Mausooma	Mazina
Marzooqa	Mawadda	Maziyah
Marzuqah	Mawaddah	Maznah
Mas	Mawahib	Mazneen
Masabeeh	Mawara	Medina
Masabih	Mawhiba	Meem
Masahir	Mawhooba	Meena
Masarrah	Mawiya	Meeza
Masarrat	Mawiyah, Mawiya	Mehak
Maseera	Mawsoofa	Mehanaz

Mehar
Meharunnisa
Mehbooba
Mehek
Meher
Meheroon
Meherunissa
Mehjabeen
Mehjibin
Mehk
Mehmuda
Mehnaz
Mehndi
Mehnoor
Mehr
Mehreen
Mehriban
Mehrish
Mehrnaz
Mehrun Nisa
Mehrunisa
Mehtab
Mehvesh
Mehvish
Mehwish
Meirul-Nisa
Memoona
Mena
Menaal
Mersiha
Meryam
Mevish
Meymona
Miah

Mibhaj
Midhaa
Midhah
Midhat
Mihr
Mina
Minaal
Minal
Minna
Minnah
Minoo
Mirah
Mirvat
Misaal
Misam
Misba
Misbaah
Misbah
Misha
Mishael
Mishall
Mishel
Miska
Miskeenah
Mobena
Mohaddisa
Mohga
Mohsana
Mohsina
Momina
Mona
Monera

Moomal
Mouna
Mounia
Mounira
Muaza
Muazah
Muazzama
Muazzaz
Mubaaraka
Mubaraka
Mubashirah
Mubashshara
Mubassirah
Mubeena
Mubeena
Mubeenah
Mubin
Mubina
Mubinah
Mudrika
Mueena
Mueerah
Mufazzalah
Mufeeda
Mufiah
Mufidah, Mufeeda
Mufliha
Mugheesah
Mughirah
Muhabbat
Muhariba
Muhayra

Muhayya
Muhibbah
Muhjah, Muhja
Muhjar
Muhra
Muhsina
Muhsinah
Muida
Muizza
Mujaahida
Mujahida
Mukarram
Mukarrama
Mukhlisa
Mukhlisah
Mukhtar
Mulayka
Mulook
Mumayyaz
Mumina
Muminah
Mumtaaza
Mumtaz
Mumtaz Mahal
Mumtaza
Muna, Mona
Munaam
Munas Sabah
Munawar
Munawwar
Munawwara
Munazza

Munazzah
Muneeah
Muneeba
Muneefa
Muneera
Muneerah
Munerah
Muniba
Munifa
Munira
Munirah, Muneera
Munisa
Munisah
Munize
Munjiyah
Muntaha
Munya
Munyatul Muna
Muqadaas
Muqaddasa
Muqbala
Muqbalah
Murdiyyah
Muriha
Murjanah
Murshida
Murshidah
Muruj
Musaddas
Musaddiqa
Musaddiqah
Musarrat
Musawat
Musaykah

Musfira	Mysha	Nooruddunya
Mushahida	Nimah, Naeema	Noorulain
Musharrafa	Nimat, Nimaat	Noor-ul-ann
Mushira	Nimerah	Noorun Nisa
Mushirah, Musheera	Nimra	Nora
Mushtaaqa	Nimrah	Noreen
Mushtaqa	Nina	Noreenah
Mushtari	Nira	Norhan
Muskaan	Nisa	Noriza
Muskan	Nisar	Noshaba
Muslima	Nisha	Nosheen
Muslimah	Nishat	Noshi
Musn	Nisma	Noshin
Musnah	Nisreen	Nouf
Mussah	Nisrin	Noureen
Mussaret	Nissa	Nu'aymah
Mustaeenah	Nivin	Nuboogh
Mutahhara	Niyaf	Nudar, Nudhar
Mutahharah	Niyyat	Nudbah
Mutazah	Nofal	Nudhar
Muteea	Nohreen	Nudoora
Mutehra	Noor, Nur	Nudra
Mutia	Noor al-Sabah	Nudrat
Muwaffaqa	Noor Jahan	Nufaysah
Muyassar	Noora	Nuha
Muzaina	Noor-Al-Haya	Nuhaa
Muzaynah	Nooraniyah	Nujud, Nojood
Muzeea	Noorie	Numa
Muzna	Noorien	Nunah
Muznah	Nooriya	Nur al Huda
Myiesha	Nooriyya	Nura
Myreen	Noorjahan	Nurah, Noorah

Nurayda
Nuriya
Nuriyah
Nurjahan
Nurjenna
Nuryn
Nusaiba
Nusaibah
Nusaybah
Nusayma
Nusrah
Nusrat
Nuwairah, Nuwayrah
Nuwayla
Nuwaylah
Nuwwar
Nuwwara
Nuwwarrah
Nuzar
Nuzha
Nuzhah
Nuzhat
Nyasia
Nyla
Obaidiyah
Ojala
Omera
Ooma
Orwiya
Ozra
Ozza
Pakeeza
Pakeezah
Pakiza

Pardaj	Qantara	Qurrat-ul-ain
Pari	Qanturah	Qutaylah
Parinda	Qaraah	Qutayyah
Pariza	Qarasafahl	Raabia
Parsa	Qareebah	Raabiya
Parveen	Qarsafah	Raadiya
Parvin	Qaseema	Raafida
Parvina	Qasiba	Raaida
Parwin	Qasima	Raameen
Qaaida	Qasira	Raana
Qabalah	Qasoomah	Raani
Qabila	Qaval	Raaniya
Qabilah	Qaylah	Raawiya
Qabool	Qaymayriyah	Rabab
Qadira	Qaysar	Rabail
Qadr	Qayyima	Rabbab
Qadriyah	Qindeel	Rabbiya
Qadriyyah	Qirat	Rabdaa
Qahira	Qisaf	Rabeea
Qaifa	Qisma	Rabeeha
Qailah	Qismah	Rabia
Qaima	Qismat	Rabiah, Rabeea
Qamar	Qiyyama	Rabiha
Qamar Jahan	Quadriyyah	Rabita
Qamarun Nisa	Qubilah	Rabitah
Qamayr	Quddusiyyah	Rabiya
Qameer	Qudsia	Rabiyah
Qamra	Qudsiyah	Rabwa
Qamraaa	Qudsiyya	Radeyah, Radhiya
Qanaat	Quraybah	Radhia
Qania	Qurratul Ayn	Radhika
Qaniah	Qurratulain	Radhiyaa

Radhwa
Radifa
Radiya
Radiyah, Radhiya
Radiyya
Radwa, Radhwa, Radhwaa
Raeesa
Raeesah
Raeha
Raeleah
Rafa
Rafah, Rafat
Rafal
Rafat
Rafeea
Rafeeah
Rafeeda
Rafeef
Rafeeha
Rafeeqa
Rafeeqah
Rafia
Rafiah
Rafida
Rafidah
Rafif
Rafiqa
Rafiqah
Rafraf
Raghad or Raghda
Raghada
Raghd
Raghda
Ragheeda

Raghiba
Raghibah
Raghid
Raghidah
Raha
Rahaf
Rahat
Raheel
Raheema
Raheemah
Raheeq
Rahifa
Rahil
Rahila
Rahilah
Rahima
Rahimah
Rahiq
Rahla
Rahma
Rahmaa
Rahmah
Rahmat
Raida
Raidah, Raaida
Raifa
Raifah
Raihaana
Raihana
Raima
Raina
Raiqa

Raiqah
Raisa
Raisah
Raita
Raitah
Raja, Raja
Rajab
Rajia
Rajiha
Rajini
Rajiya
Rajiyah
Rajwa
Rakhas
Rakheelah
Rakhima
Rakhshan
Rakhshanda
Rakhshi
Rakina
Ramazan
Rameen
Rameesah
Rameesha
Ramia
Ramidha
Ramisa
Ramla
Ramlah
Ramsha
Ramza
Ramzia

Ramziyah
Ramziyya
Rana
Rand
Randa
Raneem
Rani
Rania
Ranim, Raneem
Raniyah, Raniya
Ranya
Raoom
Raqia
Raqiba
Raqiqa
Raqiyah
Rasan
Rasee
Rasha
Rashaa
Rashad
Rashaqa
Rasheeda
Rasheedah
Rasheeqa
Rashida, Rasheeda,
Rashidah
Rashiqa
Rasikha
Rasima
Rasina
Rasmiya

Rasmiyah
Ratiba
Raudzah
Rauhah
Raunaq
Raunaq Jahan
Raushan
Raushan Ara
Raushan Jabin
Raushani
Rawah
Rawahah
Rawda
Rawdah, Rawdha
Rawhah
Rawhiyah
Rawia
Rawiah, Raawiya
Rawiyah
Rawza
Raya
Rayann
Rayhanah
Rayia
Rayna
Raytah
Rayya, Rayyaa
Rayyana
Razaana
Razan, Razaan
Razana
Razeena
Razia
Razina

Raziqa
Raziya
Raziyah
Raziyya
Razwa
Reeha
Reeham
Reem
Reema
Reena
Reham
Rehana
Rehemat
Rehma
Reja
Resha
Resham
Reshma
Reshma
Reyah
Reyhana
Rezeya
Rida
Rifa
Rifaat
Rifat
Rifaya
Riffat
Rifqa
Rihaab
Rihab
Riham

Rihana
Rija
Rijja
Rim, Reem
Rima, Reema
Rimsha
Rinaaz
Riqbah
Riyaz
Riza
Rizeen
Rizqin
Rizwan
Rizwana
Robeena
Robina
Roha
Rohaan
Rohin
Roma
Romana
Romeesa
Rona
Roobi
Roshan
Roshana
Roshanara
Roshini
Roshna
Roshni
Roushana
Rozinah

Rua
Ruaa
Ruba
Rubaa
Rubaba
Rubadah
Ruban
Rubay
Rubeina
Rubel
Rubi
Rubina
Rubiya
Rudainah,
Rudaynah
Rufayah
Rufayda
Ruhab
Ruhani
Ruhaniya
Ruhee
Ruhi
Ruhina
Ruhiya
Ruhm
Rukan
Rukayat
Rukhayam
Rukhaylah
Rukhi
Rukhila
Rukhsaar

Rukhsana
Rukhsanah
Rukhsar
Rukhsara
Rukhshana
Ruksana
Rumaana
Rumailah, Rumaylah
Rumaisa
Rumaithah, Rumaythah
Rumana
Rumayla
Rumaysa
Rumayta
Rumeha
Rumla
Rumman
Rummana
Runa
Ruqa
Ruqayqa
Ruqayqah
Ruqayya
Ruqayyah, Ruqaya, Rugayya
Ruquaiya
Ruqya
Rusayla
Rushd
Rushda
Rushdiya
Rutaiba
Ruwaa
Ruwaida
Ruwaidah, Ruwaydah

Ruwayda	Sabburah	Sabuh
Ruya	Sabeegah	Sabuhi
Ruyaa	Sabeeha	Sabura
Ruyah	Sabeeka	Sadad
Ruzaynah	Sabeen	Sadaf
Saabiqa	Sabeena	Sadah
Saabira	Sabeera	Sadaqa
Saadat	Sabeeyah	Sadaqat
Saadia	Sabha	Sadat
Saadiya	Sabih	Sadeeqa
Saaedah	Sabiha	Sadi
Saafiyya	Sabihah	Sadia
Saahira	Sabina	Sadiah
Saaida	Sabiqa	Sadida
Saaiqa	Sabiqah	Sadiqa
Saajida	Sabira	Sadiqah
Saaleha	Sabirah, Saabira	Sadiya
Saaliha	Sabita	Sadiyah
Saalima	Sabiya	Sadoof
Saamiqa	Sabiyya	Sadooh
Saamiya	Sabohi	Saduq
Saamyya	Sabooha	Saeeda
Saara	Saboora	Saeedah
Saara	Sabqat	Safa
Saarah	Sabr	Safaa
Saat	Sabreen	Safaaa
Saba	Sabria	Safeenah
Sabaa	Sabrin	Safeerah
Sabaaha	Sabrina	Saffanah
Sabah	Sabriya	Saffiya
Sabahat	Sabriyah	Safia
Sabat	Sabriyya	Safiya

Safiyya
Safiyyah, Safiya
Safoora
Safoorah
Safun
Safura
Safwa
Safwah
Safwana
Sagheerah
Saghira
Sahab
Sahana
Sahar
Saharish
Sahheeda
Sahibah
Sahimah
Sahina
Sahira
Sahirah
Sahlah, Sahla
Sahna
Sahrish
Saiba
Saibah
Saida
Saidah
Saihah
Saila
Saima
Saimah
Saiqa
Saira; Sairah

Sairi
Sairish
Saja
Sajaa
Sajida
Sajidah
Sajila
Sajiya
Sajiyya
Sakeena
Sakeenah
Sakeeza
Sakha
Sakhawat
Sakhira
Sakhiya
Sakina
Sakinah, Sakeena
Salam
Salama
Salamah
Saleema
Saleemah
Saleena
Saleshni
Salifah
Saliha
Salihah
Salikah
Salima
Salimah, Saleema
Salma

Salmah
Salsabil, Salsabeel
Salwa
Salwah
Sama
Samaa
Samaah
Samah, Samaah
Samaira
Saman
Samana
Samar
Samara
Samarah
Samawah
Samawiyah
Sameea
Sameeah
Sameeha
Sameen
Sameena
Sameenah
Sameera
Sameh
Samera
Sameya
Samia
Samiah
Samiha
Samihah, Sameeha
Samim
Samima

Samina
Samiqa
Samira, Sameera
Samirah, Sameera
Samitah
Samiun
Samiya
Samiyah, Saamiya
Sammar
Samra
Samraa
Samrah
Samreen
Samrina
Samya
Sana, Sanaa
Sanaaa
Sanad
Sanah
Sanam
Sanari
Sanaubar
Sangeet
Sanika
Saniya
Saniyah
Saniyya
Sanjeeda
Sanjeedah
Saqaafa
Saqat
Saqiba

Sara
Sarab
Sarah
Sarahat
Sarahna
Sareea
Sareema
Sariba
Sarika
Sarina
Sarish
Sariyah
Saroj
Sarood
Saroor
Sarra
Sarrah
Sarrinah
Sartaj
Sarvia
Sarwa
Sarwana
Sarwar
Sarwari
Sarwat
Sarwath
Sarya
Sataish
Satila
Satta
Sauda, Sawdah
Savaira
Sawab
Sawada

Sawda	Shaakira	Shafiqah
Sawdah	Shaamila	Shafqat
Sawsan	Shabab	Shagoofa
Sayali	Shaban	Shagoon
Sayeeda	Shabana	Shagufta
Sayida	Shabeeba	Shaguftah
Sayidatun Nisa	Shabeeha	Shahaada
Sayyah	Shabeehah	Shahaama
Sayyidah	Shabina	Shahaba
Sazia	Shabnam	Shahada
Sbahat	Shad	Shahamat
Seem	Shadaab	Shahana
Seema	Shadha, Shadhaa	Shaharun
Seemal	Shadhiyah	Shahd
Seemeen	Shadia	Shahed
Seemin	Shadin	Shaheeda
Seerat	Shadiya	Shaheema
Seeta	Shadiyah	Shaheen
Seetha	Shadman	Shaheenah
Seham	Shadmani	Shaheera
Seher	Shaesta	Shaheerah
Sehr	Shafaat	Shaherbano
Sehrish	Shafana	Shahida
Seleena	Shafaq	Shahidah
Selina	Shafath	Shahina
Senada	Shafeea	Shahinaz
Senait	Shafeeqa	Shahiqa
Sfiyah	Shafeeqah	Shahirah
Shaadiya	Shaffan	Shahla
Shaafia	Shafia	Shahlah
Shaahida	Shafiah	Shahmeen
Shaahira	Shafiqa	Shahnaaz

Shahnaz
Shahnoor
Shahra
Shahrazad
Shahrbano
Shahreen
Shahrin
Shahrzadah
Shahzaadee
Shahzadi
Shahzana
Shaiba
Shaidah
Shaila
Shaima
Shaimaaa
Shaira
Shairah
Shaista
Shaistah
Shajarah
Shajaratuddurr
Shajeea
Shajee'ah
Shakeela
Shakeelah
Shakila
Shakini
Shakira
Shakirah
Shakoora
Shakura
Shakurah
Shalbiyyah

Shalimar	Shanika	Shayla
Shama	Shanum	Shayma, Shaymaa
Shamaail	Shanza	Shaza
Shamail	Shanza	Shazana
Shamailah	Shanzay	Shazfa
Shamama	Shanze	Shazia
Shamamah	Shaqeeqa	Shaziya
Shamayla	Shaqeeqah	Shaziyy
Shameela	Shaqiqa	Shazmah
Shameem	Shaqra	Shazmin
Shameema	Sha'Quarria	Shazneen
Shameemah	Sharaf	Sheeba
Shameena	Sharayah	Sheema
Shamikh	Shareefa	Sheen
Shamikha	Shareekah	Sheenaz
Shamila	Shareen	Sheerin
Shamila	Sharfa	Sheeza
Shamilah	Sharifa	Shehla
Shamim	Sharifah, Shareefa	Shehr bano
Shamima	Shariqah	Shehzadi
Shamimara	Sharleen	Sheila
Shamis	Sharleez	Shela
Shamma	Sharmeela	Shellah
Shamoodah	Sharmeen	Shenaz
Shams	Sharmin	Shephali
Shamsa	Sharnaz	Sherana
Shamshad	Shasa	Shereen
Shamsia	Shasmeen	Sheyla
Shamsun Nahar	Shasun Nahar	Sheza
Shamsun Nisa	Shatha	Shezan
Shamuda	Shaveena	Shifa
Shanaz	Shawq	Shihaam

Shiham
Shillan
Shimaa
Shimah
Shimaz
Shinat
Shireen
Shireen; Shirin
Shirin
Shiya
Shiyaaj
Shiyam
Shiza
Shola
Shua
Shuaila
Shuba
Shudun
Shuhaymah
Shuhda
Shuhrah
Shuhrat
Shujana
Shukr
Shukrah
Shukriyah
Shukriyya
Shumaila
Shumaila
Shumaisiya
Shumaylah
Shumaysa
Shumaysah
Shuqra

Shurafa	Smera	Sufia
Shurafa	Sobaika	Sufiya
Shurooq	Sobia	Sugharan
Shuruq	Sobiya	Sughra
Shyreen	Sofia	Suha
Sibal, Sibaal	Soha	Suhaa
Siddeeqa	Sohana	Suhaad
Siddiqa	Somaya	Suhaana
Siddiqah	Somia	Suhaila
Siddra	Somila	Suhailah, Suhaylah
Sidra	Somna	Suhaima
Sidrah	Sonia	Suhaimah,
Sifoor	Sophia	Suhaymah
Siham, Sihaam	Soraiya	Suhair, Suhayr
Silma	Soraya	Suhana
Silmi	Sorfina	Suhayla
Sima	Souad or Su'ad	Suhaylah
Simaab	Souhayla	Suhayma
Simah	Souhayla	Suhaymah
Simin	Suad, Souad	Suhayr, Suhair
SimiSimky	Subaha	Suheera
Simone	Subayah	Suja
Simra	Subaytah	Sujah
Simrah	Subbiha	Sukaina
Sirah	Subh	Sukainah, Sukaynah
Sireen	Subhaan	Sukayna
Sirin, Sireen	Subhah	Sukaynah
Sitaara	Subhana	Sulabha
Sitara	Subhiyah	Sulafa
Sitarah	Subuhi	Sulafah
Sitwat	Suda	Sulaima
Siyana	Sudi	Sulama

Sulayma
Sultana
Sulthana
Sulwa
Sumaira, Sumayra
Sumaita
Sumaiya
Sumaiyah, Sumayyah
Sumamah
Sumanah
Sumara
Sumaya
Sumayrah
Sumaytah
Sumayyah, Sumaiya
Sumbal
Sumbul
Sumbula
Sumera
Sumia
Sumia
Sumiya
Suml
Sumlina
Summan
Summar
Summaya
Summayyah
Sumnah
Sumra
Sumrah
Sunat
Sunbul
Sunbula

Sundas
Sundus
Sunya
Sura, Suraa
Suraiya
Suraya
Surayya
Surosh
Surraya
Susan
Suwaybah
Suwera
Swiyyah
Taabeer
Taadeel
Taahira
Taalea
Taalia
Taaliah
Taaliba
Taamira
Taaqul
Taasees
Tabalah
Taban
Tabassum
Tabasumm
Tabeedah
Tabeen
Tabinda
Tafida
Taghreed

Taghrid
Tahaani
Tahajeeb
Tahani
Tahera
Tahfeem
Tahira
Tahirah, Taahira
Tahiya
Tahiyah
Tahiyat
Tahiyya
Tahkeem
Tahleela
Tahleem
Tahlibah
Tahmina
Tahoora
Tahseen
Tahseenah
Taiah
Taiba
Taibah
Taif
Taima, Tayma
Taisir
Taj
Tajmeel
Tajweed
Takiyah
Takreem
Tala

Talah, Taalah
Talat
Talbashah
Talhah
Tali
Taliba
Talibah
Tamadhur
Tamadur
Tamanna
Tamanni
Tamara
Tamazur
Tameema
Tameemah
Tameemiya
Tameen
Tameez
Tamkeen
Tammanna
Tamseel
Tanaz
Tania
Tanisha
Tanjia
Tansin
Tanweer
Tanzeela
Tanzila
Taqadus
Taqiya
Taqiyah

Taqiyya
Taqwa, Taqwaa
Tara
Taraab
Tarannum
Tareefa
Tarib
Tarifa
Tarik
Tariqah
Tarique
Tarneem
Tarub, Taroob
Tarz
Tasavur
Taseefa
Tasheen
Tasiyah
Taskeen
Tasleem
Taslima
Tasliymah
Tasmeekh
Tasmeem
Tasmin
Tasneam
Tasneema
Tasnim
Tasweeb
Tatheer
Taufeeq
Taufeer
Tauqeer
Tawaddud

Tawbah	Tharya	Turfa
Tawfeeqa	Thashin	Umm-e-abeeha
Tawfiqa	Thawab	Umm-ul-banin
Tawheeda	Thazeen	Ushta
Tawoos	Thoraya	Ubab, Ubaab
Tayaba	Thubaytah	Ubah
Taybah	Thufailah	Ubayda
Tayebba	Thumamah	Udaysah
Tayyiba	Thuml	Udoola
Tayyibah	Thuraiya, Thurayya	Ugbaad
Tayyibatun Nisa	Thuraya	Uhud
Tazeen	Thuwaibah,	Ujala
Tazim	Thuwaybah	Ula
Tazima	Thuwaybah	Ulfah
Tazkia	Tiba	Ulfat
Tazmeen	Tibah	Ulya
Tehmeed	Tibna	Ulyaa
Tehreem	Tibyan	Uma
Tehzeeb	Tirana	Umah
Thaabita	Tisha	Umaima
Thaamira	Tooba	Umaira
Thabitah	Toufika	Umaiza
Thahera	Trana	Umama
Thalat	Tuba, Tubaa	Umamah
Thaman	Tubassum	Umarah
Thamina	Tufaylah	Umayma
Thaminah	Tuhfa	Umaymah
Thamra	Tulaiha	Umaynah
Thana, Thanaa	Tulayhah	Umayrah
Tharwa	Tumadur	Umayyah
Tharwah	Tumazir	Umm
Tharwat	Tuqa, Tuqaa	Umm Abaan

Umm Fakeeh
Umm Hani
Umm Haraam
Umm Kalthum
Umm Khalid
Umm Kulthum
Umm Rabeeah
Umm Ruman
Umm Shareek
Umm Sulaim
Umm Umarah
Umm Warqah
Umm Yousuf
Ummayyah
Umm-e-abeeha
Umm-e-Ayman
Umm-e-Fazl
Umm-e-Habiba
Umm-e-Hani
Umm-e-Kulsoom
Umm-e-Kulsum
Umm-e-Rooman
Umm-e-Rumman
Umm-e-Salma
Umm-e-Salmah
Ummid
Ummu Kulthoom
Ummul Fazal
Umm-ul-banin
Umnia
Umnia
Umniya
Umniyah
Umrah

Umrana	Wadi	Wajihah, Wajeeha
Unaysah	Wadiah	Wajna
Unaza	Wadida	Wakalat
Uncu	Wafa, Wafaa	Wakeela
Unquda	Wafaaa	Wakeelah
Unsa	Wafeeqa	Wala, Walaa
Urooba	Wafia	Waleeda
Urooj	Wafiqa	Walia
Uroosa	Wafiqah, Wafeeqa	Walidah
Urshia	Wafiya	Walihah
Urshia	Wafiyyah, Wafiya	Waliyya
Urwa	Wafiza	Wallada
Usaimah, Usaymah	Wagma	Walladah
Ushna	Wahabah	Waneesa
Ushta	Wahbiyah	Wania
Uswa	Waheeba	Waniya
Utaybah	Waheebah	Waniyya
Uwaisah, Uwaysah	Waheeda; Wahida	Waqar
Uzma	Wahiba	Waqeea
Valika	Wahibah	Waraqa
Valiqa	Wahida	Warda, Wardah,
Vardah	Wahidah	Worda
Varisha	Wahuj	Wardah, Wordah
Waajida	Waiya	Wardiyya
Waajidah	Wajahat	Wareesha
Wabisa	Wajd	Warifa
Wad	Wajdiyya	Warisa
Wadad	Wajee	Warithah
Waddia	Wajeeda	Warizah
Wadeea	Wajeeha	Warqa, Warqaa
Wadeeda	Wajida	Warqah
Wadha, Wadhaa	Wajiha	Warsan

Wasama
Waseefah
Waseema
Waseemah
Wasfiyah
Washida
Washma
Wasia
Wasifa
Wasifah
Wasifi
Wasila
Wasilah
Wasima
Wasimah
Wasiqa
Wasma
Wasmaaa
Wasna
Wateeb
Watheema
Wathiqa
Watiaa
Wazeera
Wazeerah
Wazha
Wiam
Wid
Widad, Widaad
Widdad
Wifaq
Wijdan
Wisal, Wisaal
Wisam, Wisaam

Wiyyam	Yasna	Zaheen
Wurud	Yassaman	Zaheera
Yafiah	Yelda	Zaheerah
Yusraa	Yumn	Zahia
Yaasmeen	Yumnah, Yumna	Zahida
Yaasmeena	Yusayrah	Zahidah
Yafia	Yusra, Yusraa	Zahira
Yafiah	Yusriyah	Zahirah
Yakootah	Yusriyya	Zahiya
Yakta	Yusur	Zahra, Zahraa
Ya'laa	Zarin	Zahraaa
Yalina	Zaafira	Zahrah
Yalqoot	Zaahira	Zahratun Nisa
Yamama	Zaahirah	Zahwah
Yamamah	Zaaida	Zaiah
Yameena	Zaaminah	Zaib
Yamha	Zaara	Zaiba
Yamiha	Zabiyah	Zaibunissa
Yamina	Zabreen	Zaid
Yaminah	Zabya	Zaida
Yaqoot	Zaeemah	Zaima
Yara	Zafeera	Zain, Zayn
Yarah	Zafeerah	Zaina
Yariqa	Zafira	Zainab, Zaynab
Yashal	Zafirah, Zaafirah	Zaira
Yasim	Zafreen	Zairah
Yasirah	Zaghlula	Zaiton
Yasmeenah	Zaha	Zaitoon
Yasmin, Yasmeen	Zahabia	Zaitoona
Yasmina	Zahabiya	Zaitun
Yasmine, Yasmin,	Zahara	Zaituna
Yas	Zahbia	Zakia

Zakira
Zakirah
Zakiya
Zakiyaa
Zakiyah
Zakiyya
Zakiyyah
Zalfa
Zameelah
Zameena
Zamrud
Zamzam
Zanub
Zanubiya
Zanyah
Zaqawat
Zara
Zarafat
Zareefa
Zareen
Zareena
Zareenah
Zarifah
Zarin
Zarina
Zarinyan
Zariya
Zariyah
Zarma
Zarmina
Zarqa
Zarqaa
Zarrah
Zarrah

Zarreena	Zineta	Zuhrah
Zartaj	Zinneerah	Zuhriyaa
Zarwa	Ziram	Zuhur
Zawiya	Ziya	Zulaikha
Zayaan	Ziyada	Zuleika
Zayb	Ziyan	Zulekha
Zayba	Zoeya	Zuleyka
Zayn	Zoha	Zulfa
Zaynab	Zoharin	Zulfah
Zaynah, Zaina	Zohha	Zumruda
Zaytoon	Zohura	Zumurrud
Zaytoonah	Zonira	Zumurruda
Zeb Ara	Zorah	Zumzum
Zeba	Zoufishan	Zunaira
Zeb-un-Nisa	Zoya	Zunairah
Zee Shan	Zubaah	Zurafa
Zeena	Zubaida	Zykaraya
Zeenat; Zinat	Zubaidah	Zynah
Zehba	Zubaria	Zyva
Zehna	Zubash	
Zehra	Zubayda	
Zenia	Zubaydah	
Zerah	Zubdah	
Zerina	Zubi	
Zhalay	Zueinah	
Zia	Zuha, Zuhaa	
Ziba	Zuhaira	
Zilal	Zuharah	
Zinaat	Zuhayra	
Zinah, Zinat	Zuhera	
Zinat	Zuhra	
Zinat-un-Nisa	Zuhrah	

Merci d'avoir acheté ce livre de prénoms islamiques pour bébés. S'il vous plaît, parlez-en à vos amis et aidez les musulmans à trouver les noms parfaits pour leurs nouveau-nés.

Si vous avez aimé ce livre, n'hésitez pas à laisser un avis.

ma'asalaama